大展好書 好書大展

大展好書 好書大展

實用心理學講座

6

給人好印象的自我表現術

多湖輝／著
鐘文訓／譯

大展出版社有限公司

序

每一個人都擁有「向別人展露自己的優點，使別人明白自己的長處」的這類慾望。

就拿我自己來說，像服裝或領帶等穿在身上的物品，我都會刻意的選擇比較華麗感的種類，這個原因當然就是想要使自己在別人的眼中，看起來顯得年輕一點，而刻意打扮的。

還有，應酬上和朋友一起喝酒時，我常常會配合著伴唱機，在大家的面前表演歌唱。這個時候，我的目的並不是希望得到別人的褒獎，說我很善於唱歌。事實上，有很多人以驚訝的語氣向我問：「老師，您也會演唱歌曲嗎？」的這種反應，才是我上去唱歌的目的。

社會中一般的人，只要一聽到是大學教授，往往會產生很古板又缺少樂趣的印象。因此，我為了想澄清這種誤解，讓大家了解事實並非如此，所以，雖然我歌唱得並不好，但是，我偏偏要在衆人面前表演。

像這種在大衆面前表現出自己突出的一面的做法，不論是在有意識或無意識中，任何人都會這樣表現的。而如果想要把這類的行為，有效用的實行出來，其要領就是利用本書所討論的「自我表現術」。

有關「我」的說法，也許有人會認為這是虛有其表的做法而已；但是，所謂的「自我表現術」，絕不是故意的僞裝自己，而是使別人能夠注視到自己的好的方面，同時並顯示自己能力的一種方式罷了。

每個人或多或少都擁有各式各樣的能力。然而，這些能力如果不能顯露出來，而只是一味地隱藏，外界的人們怎麼知道呢？為了引出這些潛能，首先必須向周圍的人聲明，使他們了解自己的確有這方面的能力，這一點是很重要的。由於你的表白，人們的眼光和評價發生了改變之後，這項變化在無形之中就會對自己產生了反鎖作用，因而產生了自信心。有了自信心之後，慢慢的就會在行為上呈現出良好的反應效果，經過日積月累的陶冶，自己的能力就會愈明顯，最後脫穎而出。

我似乎把話說的太早了些，然而，回過頭來分析自我表現的意義，不論是怎樣的人際關係，最重要的應該先讓對方對自己擁有一個很好的印象。因為，如果一開始就使對方產生不快感或拒絕感時，對於人際關係的進行，當然就不順利了。所以，就像前面已經說過的，必須先讓別人注意到自己的長處，乃是首要因素。

我們常常會聽到有人抱怨著：自己常常被別人誤解，其實，自己本是好意的，別人却都無法諒解。不過，事實上，自己心中所想的事，別人是無法以肉眼來完全洞悉的；如果想要使別人認可你有某方面的優點時，自己就應該積極的把優點明白的表露出來，這樣一來，別人才能從你的行為中判斷出來。

這是個很實際的問題。然而，在本書中所介紹的「自我表現術」，並不需要很精湛的表演技巧，只要在日常生活上為人處事方面，能夠稍為下一點功夫，就不難收到意想不到的效果。當我們看到一個經常面露笑容的人，任何人都會認為他是一個個性很明朗活潑的人；相反的，如果看到的是一個經常帶著不高興的表情的人，我們就會認為這個人的個性比較陰沈。像這種對於看到某種情況或聽到某種事情時，人們所感受到的印象，大體上都是相同的，這是有一定的心理法則。因此，如果一個人在為人處世時，一旦脫離了這種心理法則，不管再怎樣的努力彌補，也不可能再把自己良好的一面完全表現出來。相反的，只要自己能好好的掌握這種心理法則，一定可以提高別人對自己有利的印象。為了能夠充分的使別人對自己有好的印象，盡情的發揮自己最大的能力，希望各位好好的活用本書所提示的「自我表現術」。

目錄

序……三

第一章　欲使別人對自己的能力增加印象的自我表現術

——「會」、「能幹」的評價，是在這裏分別的

（本章的序）……二六
1. 在進行對話時，如能事先條述自己有幾個主題，就可以使別人對你產生更好的印象……二八
2. 把要點歸納成三點，可以使別人認爲你的歸納能力很強……二九
3. 欲使人覺得自己智慧高，說話的語句要短……三〇
4. 一件事能在三分鐘內說完，也是表現智慧高的秘訣……三一
5. 向上司報告工作內容時，若從結論先說，就可以使上司產生「這個人眞能

幹」的印象……………………………………………………………三三
6.在會議結束時，若能把先前的發言集中整理、報告，會使人留下有能力的印象…………………………………………………………三四
7.對於不正確的情報，如果先說：「雖然我還沒有確實的證據」，反而會變成新鮮的情報……………………………………………………三五
8.像「我有一句很有趣的話」這種使對方抱著期待感的前提，容易造成反效果………………………………………………………………三七
9.提出意見時，應該以向上司請教的態度來說明，上司聽起來也才不會感到有批評的意味…………………………………………………三八
10.在無意中先預告最壞的情況，即使最後終於失敗，對方對你的印象也不至於太差……………………………………………………………三九
11.「聽到你的話，使我聯想到……」，以這樣的前提和對方溝通時，自己的意見比較容易被對方接受……………………………………四〇
12.對於企劃或提案，不要設計到百分之百的盡善盡美，應該留出上司提供意見的餘地………………………………………………………四一

13.有關專門用語等，若無意間使用時，比較能夠提高他人對自己的印象……四三
14.引用諺語或名言，可以使自己的言詞具有說服力……四四
15.使用帶有尾數的數字時，可以增加所說的話的可信度……四五
16對別人所提出的問題，呼吸後再回答時，對方會認爲你很愼重……四六
17.雖然不懂得說服的方法，但是若資料的準備很充足，也可以提高可信賴感的……四八
18.向人說明有關自己專精的方面時，最好能夠不使用專有名詞，這樣比較容易獲得好感……四九
19.有關暢銷類的書籍，不必一一的硏讀，只需表現出自己的關心度就可以了……五〇
20.錯字、漏字很多的文章，會令讀者對作者產生不良的印象……五一
21文章只要能寫出易讀的字體，就可以令人留下頭腦好的印象……五二
22和別人一起用餐時，如果猶豫不決，不知道要點哪些菜餚，會被對方認爲是缺乏果斷力的人……五四
23.預備約定下次見面的時間時，一面看著備忘簿，一面回答，就可以表現出很忙碌的姿態……五五

24.無意中讓顧客看到寫滿了預定事項的備忘簿時，就可以給人一種很有能力的印象……………………………………五六
25.要隱藏自己的意向時，僞裝出無表情的模樣，也是一種辦法……………五七
26.陷入窘境時，「保持沉默」有時候是很好的自我表現術……………………五八
27.假使自己有不對的地方，也應該始終假裝不知道，就可以淡薄自己的過錯…五九
28.以自言自語的方式，來責罵對方的錯，就不會使對方產生反感……………六一
29.反覆的下一些命令，就可以增強你是領導者的印象…………………………六二
30.假裝不關心，是向晚輩誇示權威的辦法…………………………………………六三
31.想要讓對方視自己爲「偉大的人物」時，可以以徐緩又鎮定的動作來表現六四
32.背對著光和對方相對時，可以使自己看起來很偉大…………………………六五
33.直線條的西裝，可以增加自己更偉大的效果……………………………………六六
34.和第一次見面的人相會時，若穿新衣裳，就表示對對方的怯場……………六七
35.聽到有趣的話要說有趣；遇到不知道時，要說不知道，如果沒有這種反應，會被認爲反應遲鈍…………………………………………………………………六九
36.反覆的使用「我是……」、「我的……」等，可以增加並鞏固別人對自己

自己的印象……………………………………………………………七〇
37. 推銷自己的要點，是把重點集中在三個項目之內，就可以提高自己的印象：七一
38. 當自己擁有某一種特殊的才能時，別人就會另眼相待……………………七二
39. 愈和自己的工作相左的嗜好，愈會給人深刻的印象……………………七四
40. 在宴席上，坐在上司的鄰座，可以使別人對自己的能力評估更高………七五
41. 要利用「場地」表現自我，必須在事前先到實地去觀察情況……………七六
42. 違背對方的「任務期待」，反而可以提高信賴度…………………………七七
43. 在年終聚餐等場合，如果表現出和往年稍爲不一樣的型態，別人就會認爲
這個人很「能幹」………………………………………………………………七八
44. 想要讓對方做某些事時，故意說反話，比較有效…………………………七九
45. 坐下來後，能保持挺胸的姿勢，會給人有魄力的印象……………………八〇
46. 想要表現自己是堂堂正正的人，講話時最好看著對方的眼睛……………八二
47. 想要展現自己的魅力時，不妨表現天眞一點………………………………八三
48. 如果頻繁的敍述家事或私事，會留給別人精神上「幼稚」的印象………八四
49. 和他人約定時間，最好不要約「某時正」，而以「某時某分」來代替，就

可以表現出自己是有能力的人……八五

第二章　讓自己看起來很積極的自我表現術
——以有幹勁或熱心來表現

（本章的序）……八八
50.自我介紹時，自己的名字不僅在一開始的時候要說，最後也應該再說一次……九〇
51.在會議席上發表言論時，站著發表，可以產生更好的效果……九一
52.想要讓別人認爲自己有幹勁，應該比別人先接電話……九二
53.敏捷地從座位站起來，對製造積極的印象是非常有效的行爲……九二
54.早晨比別人早上班，就可以使人產生有幹勁的印象來……九三
55.挺胸而快步走，看起來精神很飽滿……九四
56.強有力的握手，是表現自己「有能力」的武器……九五
57.坐在椅子上時，只要淺淺的坐，是一種可以使人感到積極的姿勢……九六
58.聽話時上身向前傾，對方就會覺得你很關心……九七

59. 爲了表示認眞聽對方的話，也可以做筆記……………………九八
60. 在對方的面前做筆記時，使用有色的筆來記錄，可以使對方對你有更強的信賴感……………………………九九
61. 捲起襯衫長袖子，就可以強調積極感………………………一〇〇
62. 寫在往右上翹的大字，可以使人有積極的印象……………一〇一
63. 把名字寫的大大的，可以增加別人對自己的印象…………一〇二
64. 講話時，如能把「否定型」改爲「肯定型」，就可以表現出積極的姿態……一〇三
65. 表示贊同時，如能稍加誇大的口氣，就可以表示認眞……一〇四
66. 以手勢配合講話，比較容易把自己的熱心傳達給對方……一〇五
67. 在會議中發言，有九成是接受別人的意見時，若能加上一成自己的想法，就可以表現獨立性…………………………一〇六
68. 想要增加和上司的親密感，對上司已經知道的事實，也要一一的報告……一〇七
69. 假使上司邀請你，五次之中若能拒絕一次，就表示你的「意志堅強」……一〇八
70. 在沒有固定座位的會議中，若坐在靠近上司的座位，就可以表現出自己的自信……………………………一〇九

71. 在聯誼會中，若能接受接待性的任務，就可以表示自己的積極……一一〇
72. 無謂的努力或意外的努力，可以傳達我方的熱心……一一一
73. 「禮拜天，你要到什麼地方，我都可以陪你」可以使對方感覺到自己的熱心……一一二
74. 走到和對方最近的距離去要求握手時，就可以傳達我方的氣魄……一一三
75. 走到對方的地盤，就可以表示自己的熱心和誠意……一一四
76. 想要增加別人對自己的自主力的印象，即使對方是董事長，有時也應該反駁……一一五
77. 抱著很大的理想，並熱情的談論，會使人感到魅力……一一五
78. 認眞時，就要認眞；可笑時，就要哈哈大笑；這樣才能增加別人對自己有感性的印象……一一六
79. 手上拿著麥克風演講時，比較能巧妙的表現自我……一一八

第三章　提高自己的信賴度的自我表現術

——可以表達出成熟或可靠性

（本章的序）……………………………………………………………………………一二〇
80. 要使自己看起來很正直，最好能在對方面前把自己的缺點暴露一小部分…一二二
81. 自己不知道的事，若坦白的說不知道，較可以獲得好感……………………一二三
82. 話講得慢，比較容易給人誠實的印象…………………………………………一二四
83. 信心十足的理論，若以小聲的口氣來說，聽起來就不會有強迫感…………一二五
84. 對沒有自信的事，若能使用斷定型，對方就會立刻相信自己的說法………一二六
85. 要讓別人等時，比預定的時間多說十分鐘，就容易得到對方對你的信賴感……………………………………………………………………………………………一二七
86. 重視和工作相關的事情，別人就會認爲你對工作很忠實……………………一二八
87. 要對多數人講話時，說話的速度要慢…………………………………………一二九
88. 打電話時，若先了解對方的情況，就能引起對方聽電話的心情……………一三〇
89. 想要表示自己的誠意時，應該提早十分鐘到約定的地方……………………一三一
90. 凡是向別人借錢時，不論多寡都應該確實還清…………………………………一三二
91. 還錢時，如果能自備零錢，就能使別人認爲你的金錢觀念很正確印象……一三三
92. 對自己不利的事，若直接說出重點，比較可以讓對方認爲自己很有責任

感……………………………………………………………………………………一三四
93.犯了錯誤時，與其辯解不如改正錯誤，較可以強調自己的誠意………………一三五
94.自己有差錯時，如果能表現出超過對方期待以內的道歉時，對方會對你的誠意產生好感……………………………………………………………………一三六
95.當部下犯小錯時責罵，犯大錯時裝成若無其事，就可提高部下的忠誠度……………………………………………………………………………………一三七
96.可能使對方感到不快感的事，若能預先說明，對方的不快感就會轉爲好感……………………………………………………………………………………一三八
97.若能先發制人地說：「像我這種人……」時，就可以解除對方不信任的態度………………………………………………………………………………一四〇
98.想要反駁的對象正在生氣時，最好暫緩一段時間再說………………………一四一
99.想要反駁時，若在接受了對方的意見後再說出來，較不會造成對方的反感……………………………………………………………………………………一四二
100.對方所提出來的問題，如果能反覆的驗證，就可以表示我方的認眞態度…一四三
101.反駁時，若能夠採取請教的方式，較不會讓對方覺得你很驕傲………………一四四

102. 對上司所下的命令，若能覆誦一遍，就可以使上司獲得安心感……一四五
103. 不要說「我想說」而以「請聽我說」比較謙遜……一四六
104. 職員的非公事情報，如果能夠一一的向上司報告，上司就會對你另眼相待……一四七
105. 和上司去喝酒的第二天早上，若能比平常更早上班，就可以更加令人信賴……一四八
106. 遵守在宴席上說過的約定，可以更容易的把誠實度傳給對方……一四九
107. 一邊準備回家，一邊和別人寒暄時，容易給人「急著趕回家」的印象……一五〇
108. 遇到情況不如意的人，只要注意聽他說話，就可以增加對方對你的信賴……一五一
109. 如訪問別人時，一定要服裝整齊，才能強調自己的誠意……一五二
110. 對餐廳的服務生或其他第三者的態度，可以左右對方對你的印象……一五三
111. 對不在場的第三者表示關心時，就會給人很細心的印象……一五四
112. 過分的囉嗦時，反而會給人「沒有信心」的印象……一五五
113. 想要向女性職員傳達期待感時，有時必須故意責罵她們……一五六
114. 能夠細心的照顧女性，就可以表現出無法言傳的好意……一五七

115.對女性有時需要使用強迫的誘導方法，這樣反而可以使女性對你產生好感……一五九
116.與人第一次會面時，如果翹起脚坐著，會被誤認爲是不認眞的人……一六〇
117.和別人講話時，如果雙手交叉在胸前，容易使對方對你產生驕傲的印象……一六一
118.「低姿態法」，可以成爲奉承對方的表現態度……一六二
119.不贊成對方的意見時，也不應該把視線移轉到旁邊或下面……一六三
120.「什麼事都想自己做」的態度，不會給人有強烈的責任感，反而給人不易協調的印象……一六四

第四章　使自己更爲可親的自我表現術

——「坦白」、「善體人意」是關鍵所在

（本章的序）……一六六
121.主動與對方攀談，才是向對方表示好意或積極的表現……一六八
122.把對方不好意思說的事提出來，就可以使對方更加的認識自己的能力……一六九
123.若能以「共同的敵人」來當話題時，就可以增加彼此間的親密感……一七〇

124. 能和對方一起強調共同的目標時，就可以使自己更可親近……………一七一
125. 對於初次見面的人，若能夠坐在他旁邊的位置，彼此就比較容易親近……一七二
126. 若能無意中製造靠近對方的機會，也可以縮短彼此心理上的距離………一七四
127. 與人第一次會面時，如果一直瞪著對方的眼睛，會使對方留下不艮的印象……………………………………………………………………………一七五
128. 不要只想讓對方笑，對對方的笑話也要能夠笑出來，這就是親密感的表現………………………………………………………………………………一七六
129. 和對方的共同點，即使細小的事，也把它強調出來，就可以給人性格直爽的印象……………………………………………………………………一七七
130. 把重要的人名寫在通訊錄的前面，可以使人產生好感……………………一七八
131. 對方曾經提過的細節，若能記起來，並常常覆誦，就可以表示對對方深層的關心………………………………………………………………………一七九
132. 任何事，只要能先問清對方的意思，就可以表示出尊重對方的態度………一八〇
133. 對方的携帶物或服裝等，能夠指出細小的變化，也就是對對方的關心……一八一
134. 表現對對方的關心，如果能提供對方可能性的建議，也是一個辦法………一八二

135.「請教」、「請幫忙」這種觸發對方自尊心的態度，可以引起對方的好感……………………………………一八三
136.只要使用「我們」，就可以強調彼此的同伴意識……………一八四
137.對對方有不利的消息，如果能說一聲「我眞不敢相信……」時，就不會傷害彼此的感情……………………………………一八五
138.在會談中，反覆的稱呼對方的名字，可以提高親密感…………一八六
139.能夠記住對方的結婚紀念日、生日，或特別的日子時，可以給對方留下好印象………………………………………一八七
140.褒獎對方的「內在部分」，就可以增加對方的好感……………一八八
141.每見一次面，就褒獎對方的某一優點時，可獲得對方的好感…………一八九
142.見面的時間過長，還不如次數多，較容易增加親密感……………一九〇
143.提供對方所關心的情報，是獲得對方持續好感的強力武器…………一九一
144.禮物最好不要只以對方爲目標，若能以對方的家族爲目標，較能增加好感……………………………………………一九三
145.所送的禮物，若和對方過去送你的禮物相似，對方會比較喜歡…………一九四

146. 表示感謝時，最好不要用電話，應該採用寫信的方式……………一九五
147. 想要縮短和女性心理上的距離時，只須直接稱呼對方的名字就可以了……一九六
148. 想要使別人對你有「善體會的上司」的印象時，有時應該和年輕的部下一樣地穿起鮮明的服裝……………一九七
149. 想要解除對方的警戒心，就要假裝偶然……………一九八
150. 有時候走到部下的位置講話，就可以使人產生「容易與人溝通」的印象……一九九
151. 自己的優點，如果能藉「第三者的話」來表現時，別人聽起來比較愉快……二〇〇
152. 在整齊的服裝中，稍微露出一點零亂，反而可以增加親切感……………二〇〇
153. 有時採取較粗暴的行爲，可以使緊張的對方心情放鬆……………二〇一
154. 隨和的語氣，容易給人親近的印象……………二〇二
155. 想要表示和某一家公司很親密，應該穿起適合於那家公司的服裝……………二〇三
156. 到外地出差時，若能買一些土產回來送給同事或上司，較容易得到好感……………二〇四
157. 想要解除對方的緊張，最好故意表演一些小失敗……………二〇五
158. 比較不善於說話的人，最好佩戴一些與衆不同的小東西……………二〇六

159. 經常使用「專利的話」，就可以給人強烈的印象……二〇七
160. 方言可以視同增加自己印象的「專利商標」……二〇九
161. 表演「小惡」，有時可以製造出很大的魅力……二〇九
162. 有時故意的傷害對方，會使對方感受到強烈的愛情火花……二一〇
163. 談及「隱私」時，最好說出失敗的例子，而不談得意的例子……二一一
164. 在婚禮上主持演講時，最好走到可以看到整個會場的地方較理想……二一二

第五章 強調自己的明朗度的自我表現術

——表現出「清爽度」、「明朗度」

（本章的序）……二一四
165. 「能不能先向對方打招呼」可以分辨出你的個性是明朗或憂鬱型的……二一六
166. 最後的招呼若能表現好感，別人對你的整個印象就會更好……二一七
167. 在一般例行的問候後，若能夠再加上自己的感想，就可以縮短心裏的距離……二一八
168. 打招呼的聲音放高一點，就可以強調明朗的態度……二一九

169. 談到有關自己的事，不但要謙虛，對於「不利己」的話也不要說……二二〇
170. 神神秘秘地小聲說話，容易給人陰氣的感覺……二二一
171. 以電話聯絡時，儘量以帶著笑容的聲音來講，就會製造出感覺良好的聲音……二二二
172. 聲音又尖銳又高昂的人，如果說話的速度放慢些，就不會給對方不快感……二二三
173. 穿著鮮艷服裝的人，個性也會比較開朗……二二四
174. 把皮膚曬成棕色，可以給人一種健康的感覺……二二五
175. 與人見面之前，不只是在鏡子前面整理服裝，也要確認一下自己的表情……二二六
176. 要和人見面時，若走路腳步輕快，就可以使人產生明朗的印象……二二七
177. 對方的人員有二位以上時，視線也必須分配到說話者以外的人，否則氣氛會不愉快的……二二八
178. 下顎抬高的神情，容易給人傲慢的感覺……二二九
179. 與其勉強隱瞞緊張，不如把緊張的實情告訴對方，比較能夠得到好印象……二三〇
180. 能夠幽默的敍述自己的失敗過程，會使別人認爲你很冷靜……二三一
181. 你的敵人被誇獎時，若你無任何表情時，你就會留給他人心地不好的印

象……………………………………………………………………………………二三二
182. 有憂鬱感的人，只要把額前的毛髮梳高一點，就可以表現出爽朗的個性…二三三
183. 長褲上明顯的中線，或手帕上的折痕，可以使人留下規規矩矩的印象……二三三
184. 領子、袖口是對方視線最容易集中的部份，也是表現清潔感的區域………二三四
185. 藍色的服裝，可以使人有清潔感的印象…………………………………………二三五
186. 與人見面時，自己如果仍冒著汗，容易使對方有不潔感的印象………………二三六
187. 口腔是表達清潔感最重要的要點…………………………………………………二三七
188. 抽煙時，要注意口腔…………………………………………………………………二三八
189. 穿起和身份不相稱的服裝，反而會使人有輕浮的感覺……………………………二三九
190. 夏天時，但是如果穿起白鞋，並配著白色皮帶去上班，也使人有輕浮的
感覺…………………………………………………………………………………………二四〇
191. 鞋子太髒時，生活的背景很容易被識破……………………………………………二四〇
192. 到了秋天還穿著夏天的服裝，容易使人產生貧窮的印象…………………………二四一

第一章 欲使別人對自己的能力增加印象的自我表現術

——「會」、「能幹」的評價，是在這裡分別的

本章的序

想要表現出自己的能力，使對方增加對自己的好感時，有時候是需要運用一些小聰明的。事實上，無能的人僞裝自己成為有能，也許可以一時性的欺瞞了別人的眼睛；但是，相信不久之後，就會很快的被揭穿出來的。不過，我現在所要敘述的事情，並不屬於這種類型。我現在所要說的是，有一些人的確很有能力，然而，只因為自己的表達方式比較差，而無法充分發揮能力的人卻很多。畢竟，如果在自己周遭的人，都不能承認自己是具有某方面才華時，想要有發揮能力的機會，恐怕是有限的。

我們時常聽到有人說：「一個人是不是有能力，只要從觀察的人數來判斷，就可以了解的。」事實上，有些情況的確是這樣的。不過，由於自己的能力沒有被別人肯定，而心中感到不滿的人之中，有不少人的觀點是「自己的周遭沒有有眼光的人」，像這種把責任推諉到別人的例子也很多。但是，我認為這種想法太天眞了，因為別人是不會像自己一樣，時時刻刻都在注意自己的；如果想要使大家能夠承認你的能力時，還是必須靠自己把它表現出來。

那麼，要怎樣才能表現出自己的能力呢？其實，這並不是一件十分困難的事。只要你把過去的處理方式稍為改變一下，就可以很順利的把眞正的自我表現出來。

例如，我們在聽別人講話時，有些人不懂得如何反應，聽到別人在說有趣的話題時，也不太懂得發笑；聽到出乎意料的事情時，也沒有表示出吃驚的神情。我想，這也許是害怕被對方抓到自己的弱點，因而產生警戒心或緊張感，以致於沒有很積極的表現自我。但是，若聽講者無任何表情，周圍的人對他的印象是反應很遲緩，也就是腦筋遲鈍不靈通的意思。按照常理來分析，當你覺得對方所說的很好笑時，本來就應該坦率的笑出來，或是表現出吃驚的神情。因此，只要你能夠表現出對對方所說的話很了解的舉動，你就不會被對方誤認為是一個遲鈍型的人了。

有時候，想要向別人說明自己的創見或想法，却因為表達的方式的不適當，以致於吃虧的人也不少。當你無法使別人能夠眞正了解自己所要表達的意思時，不論你說的如何天花亂墜，別人也難以重視你所強調的內容了，反而會認為「這個人的反應眞是遲鈍」。因此，如果你能在一開始就向對方說明：「我現在要說的是〇〇〇，……」像這樣先把內容的概要敍述在前，即使在說明的過程中，有重複的話題出現時，對方也會明白你敍述的主題所在。這樣一來，有關自己優秀的一面，就可以更強烈的輸送到對方的記憶中。現在，我打算把關於輸送自己能力的自我表現的方式，逐一的分析如下。

1 在進行對話時，如能事先條述自己有幾個主題，就可以使別人對你產生更好的印象。

所說的話能使人極易明瞭，是增加聽講者對說話人產生良好印象的要點之一。然而，到底要怎樣措詞，才能使聽講者極易了解呢？其實，這是很簡單的，根本不必費神。

首先，我將自己經常使用的方式介紹出來。每次當我準備開口講話時，爲了讓對方能夠輕易的明瞭我要表達的內容，我一定會先說：「我今天要說的主題有下列三點……」，等到把各個主題敍述出來後，再詳細的分析各個內容，並做一番較具體的講解等。如此一來，聽講者一定可以很快的明白大概的內容，這是一種非常有效的方式。

至於，爲什麼必須先條列自己說話的主題呢？關於這個答案，我稍爲解釋的露骨一點。因爲，人類是世界上唯一擁有自我見解的高等動物；這也就是說，在聽者而言，如果能事先把握住演講者所要敍述的概要時，就可以一面聽著，一面也預測著：「接下來恐怕會說……吧！」像這樣隨著演講的進行，而同時也在心理產生某種程度的見解。由於聽者都已經在心理上有了先前的預備，因此在進行聽話的過程時，自然而然的，就可以很容易地了解。

也就是說，演講者在一開始的時候，如果能夠先提示主題所在，聽的人知道了以後，就可以循著容易使自己了解的路線而聽著。因此，即使演講者有時候沒有依照順序敍述，或有重複的情況時，也不會有令人感到混淆不清和不了解演講者所敍述的情形發生。

總而言之，先提示主題的談話方式，可以說是借用對方的能力，而增加自己予人良好印象的重要方式。

2 把要點歸納成三點，可以使別人認為你的歸納能力很強。

根據調查分析，似乎一般人在心理上，都對「三點」特別有好感。如果內容只有一點時，總覺得似乎很單薄；而只有二點時，就會感覺不夠充分；然而，如果是三點時，就會變成穩穩地如三足鼎立般，而使人油然地生出安定踏實的感受。

一般擅長於說服別人的人，常常會很自然的利用這種心理作用。例如下面所提到的日本人——瀨島龍三先生，可以說是這方面的代表人物。瀨島龍三先生在第二次大戰時，曾擔任日本陸軍的高級參謀。戰後，從西伯利亞回來，進入日本的伊藤忠公司，變成副董事長身邊的一位擁有特殊經歷的人物。當時，由日本的土光敏夫所領導的臨時調停，也非常的活躍。然而，無論是誰，只要和這位瀨島龍三先生見過面後，沒有不對他的說服能力感到十分佩服的。

瀨島龍三先生面對任何的問題時，一定會說：「這個問題有三個答案。」或是「這可以從三方面來分析」等。他通常都把問題分成三個要點來說明，這樣一來，由於問題已經被分降成幾個要點，所以，聽者很容易了解，而且對於整體的意思，也能夠很輕易的就把握住。

關於這個「三點」的答案，如果情形是「答案只有這個……」而只集中於一點時，很容易讓對方留下獨斷性的印象；如果是「只有二點」時，也比較偏向於內容不夠充分的感覺；只有是「大致可分爲三點」時，才會在對方的心理上產生一種很踏實的作用，並發揮出確切的效果。同時，這種效果往往是不只限於留給對方一個艮好的印象而已，還會有許多意想不到的收穫。

演講的人，也因爲把問題分成三個要點，使得自己的觀點也自然的被綜合整理，因此也比較容易使人了解。

3　欲使人覺得自己智慧高，說話的語句要短。

有一種實驗是，研究什麼樣的文章，才是容易使人明瞭的。他們先讓幾個人看「小栗」的漫畫本，然後要他們把內容寫成文章。接著，再把他們所寫出來的文章，拿給其他的人讀讀看，選擇出容易懂和不易懂的。結果發現，文章中使用短句子的，比較容易了解；而句子愈長的，愈不易使人明白內容到底在敍述些什麼。

也就是說，句子比較短的，因爲主語和述語並沒有分開，所以比較容易明瞭；而且，整篇文章中，節奏的進行也比較快些，讀起來也比較容易，所以很快就能使人了解。

像這種看了易懂的文章，會使讀者有一種爽快的感受；同時，讀了之後，也會使人認爲作者的智慧很高。這種情形和演說一樣，如果說的太拉雜瑣碎、一直延續不斷時，聽者不但不能很快的了解主題到底是什麼，而且，在愈聽愈不懂的情況下，難免會對演講者產生反感。

還有，演說者所講的內容，如果無法使聽者明白其演講的程序，很容易使聽者誤以爲演說者的智慧有問題，而導致對方產生不良的印象。

說話和寫作文章的情形，其原理都是一樣的。經常寫出拉雜一連串句子的人，是因爲很容易在內容中使用「而且」，「但是」等連接詞；因此，如果把預定使用「而且」來連接的地方，改成以「是」來中止，也是很好的方式。

4 一件事能在三分鐘內說完，也是表現智慧高的秘訣。

在現代的潮流中，我們常常可以聽到所謂的「三分鐘的演講」或「三分鐘的自我介紹」等等演說的型式。然而，爲什麼會這樣呢？可能是在三分鐘的時間內，恰好可以說完一個主題吧。一般說來，除非是專業的播音員，否則，一個普通人的講話速度，大致上都差不多。因此，使用時間相當於三分鐘的演說，是一般人不必使用備忘錄也可以演講的平均值。

我曾經在廣播電台的節目中，以一次二分五十秒長的時間演講。就實際的經驗來說，我感覺到三分鐘的時間，恰好可以把一個主題說完。同時，我也經驗到沒有資料或事先沒有準備，却想要連續演說三分鐘的困難。而且，一般說來，演講的時間爲一分鐘是太短了，五分鐘則太長。

爲什麼我要提到這些呢？因爲三分鐘的長度，就是自我表現的一個階段時間；不論事情的主題爲何，其內容大約都只需花費三分鐘就可以結束；如果是無法在三分鐘說完的事情，恐怕就像在結婚典禮中作冗長的演說一樣，會令人覺得昏昏欲睡。超過了三分鐘的演講，內容必定變成文不切題，脫離主線且拉雜瑣碎。

自己所要演說的話，必須要有聽者，你才能有表達的機會。假定這種情形是正確的，那麼，只要你演講內容能夠避免拉雜瑣碎的毛病，相信聽衆一定會另眼相待，並很願意繼續聽下去。因此，我們不管是針對何種事情進行演說時，應該以三分鐘爲限來收場，這樣才能收到事半功倍的效果。同時，聽者也會覺得容易懂，聽起來沒有壓力；而且，可以使聽者留下「這個人的智慧相當高」的優良印象。

5 向上司報告工作内容時，若從結論先說，就可以使上司產生「這個人真能幹」的印象。

由於這是一個競爭激烈的時代，因此，上司往往都是很忙碌的，很容易造成焦急的心理狀態。所以，一般而言，上司都是很希望能夠先知道結論的。

在這種情形下，爲人部屬的人，就不必要把工作的過程或理由，拉雜的作一番冗長的說明。若將自己所擔任的工作結果，到底是成功或失敗，很快地從結論敍述起，就比較不容易使上司感到焦急不安。有關這一點，大家應該牢記。畢竟，不必要的前提，反而會使上司坐立不安，並容易影響他人對自己的印象。

這種由結論先說的談話，尤其是在工作失敗時，更應該這麼說。因爲，只要你很快的先報告上司說：「我失敗了」，上司對你的印象反而會比較好。其實，一個做上司的人，並不是不想聽你辯解的理由，而是更想早一點知道工作的結果的。至於失敗的理由等，就留在以後慢慢的報告就可以了。同樣是工作失敗的報告，也會因你是先說出結論或後說出結論，而使得上司對你的印象也會有不同。

我曾經在指導學生寫畢業論文時，要他們把自己的主題，先以短短的二～三行整理出來。這是為了使學生們能夠明確的說明自己論文的結論是什麼。這樣一來，由於主題的單純化，學生們也可以明確的把握住自己所要論述的。因此，自然而然地，也可以提高論文的品質。

在會議中的情形也是一樣，如果一味地敍述一些拉雜冗長的前提，只會使整個會議的節奏懶散而已。如果能夠從結論先報告，不僅上司，還有其他在座的人，也一定會對你的能力另眼相看的。

6 在會議結束時，若能把先前的發言集中整理、報告，會使人留下有能力的印象。

在電視上的辯論節目中，常常會有二隊針對某一個主題進行爭論的場面。然而，經過一場熱烈的討論之後，往往節目結束之時，卻無法決定輸贏。因此，每回都是由主持人以不傷害到雙方的評斷作結。

但是，在觀衆的印象上，無論怎樣都會感覺到主持人的最後評論，似乎是很正確的。其實，主持人在最後所做的講評，並不是在表達自己的意見，而是在最後的關頭上，把兩隊進行中曾經爭論的問題點稍加整理之後，才以自己的口氣發表出來，因此才使聽衆留下了深刻的印象。

這種「最後的發言」，往往在會議中，會帶給在場的人最強的印象。而且，主持人把雙方曾經發表的意見，一面整理，一邊說：「最後，讓我來說一句話……」，這樣再敍述出「整理」的結果後，雙方都不會有任何的意見，而會覺得是很有意義的結論。把發言留在愈後面，問題點也會愈了解、愈可以修正自己的意思。因此，也會讓與會者留下「智慧高」的好印象。這可以算是一種後來居上的方式，此法往往會得到艮好的效能。

另外，和自己的觀點差不多的意見，如果別人先說出來時，我們就可以說：「我的意見和前面幾個人所說過的一樣，……」這樣先把前面的人所說的意見，當成自己的發言的資料而表達出來。如此一來，聽到你引用他的話的人，會覺得自己的言論更高一籌。當然，如果你什麼意見都不引用，別人就會覺得他的見解好像是無用的。相反的，如果你被對方要求先發表意見時，你勢必就得先說出自己的見解，然後再等待別人陸續的發言。不過，這種情況下，你要令人產生有強烈能力的印象，似乎需要相當有技巧的表達。

7　對於不確定的情報，如果先說：「雖然我還沒有確實的證據，……」，反而會變成新鮮的情報。

我們常常可以在電視的實況報導中，聽到播音員說：「剛剛得到這個消息……」，並讓觀衆看到得到消息的來源的場面，然後再繼續報導內容。這樣一來，觀衆會感覺到這是一則最新的消息，而有傾聽的意向。

每一個人都有想要知道「新的事」，「秘密的事」或「還沒有被他人知道的事」；一般人不會討厭這些雜談閒語的原因，是因爲大家都有想要知道這些消息的好奇心。因此，當我們能夠適時的啓發大家的這方面的好奇心時，除非是感覺特別遲鈍的人，否則，一定會自然地趨前來滿足自己的慾望的。

一般來說，最快而且最切實的方法，就是先向大家說一聲：「雖然我還沒有確認過，……」這樣來做爲開場白；或是說：「這是我剛剛才聽到的話……」，假裝這是一件很新鮮的消息也可以。這樣一說，聽的人就會感覺到這個消息很新鮮，而產生一種很想知道的慾望。其實，這種心理作用是很簡單的，如果以「這是準確度很高的消息」爲前題時，這個消息的正確度，對於傳播者的信賴度會產生很深的影響。假使我們是一本正經的想告訴別人說：「有關中東的消息是……」時，恐怕沒有一個人願意相信你的報導的；然而，如果你的語氣變成：「這是我在無意間聽到的……」，想必對方一定會立刻產生興趣才是，而且，一定會將它當成是雜談閒話。一聽到是雜談閒話，聽的人就會立刻發動他的想像能力，隨意的聯想到其他的各個方面。因此，比我們實際上所說出來的話，更加倍的構成新鮮的消息。

8 像「我有一句很有趣的話」這種使對方抱著期待感的前提，容易造成反效果。

如果是由專業的滑稽演員來說一則「笑話」，那麼大家當然會注意聽；但是，如果是一個外行人這麼說：「我臨時想到一句有趣的話，請大家注意聽」時，相信一般的人都不會想要注意聽的。通常有趣的笑話，或是屬於恐怖性的事，應該要塑造出某種程度的意外氣氛，否則，說出來後的恐怖效果是不大的。

如果先說：「我有很有趣的笑話」或「我要說一段很恐怖的事」，這樣會聽的人抱著期待感，並使對方在心理上，先有了準備，因此，一旦你說的結果沒有超越他們所想像的程度時，就容易引起「什麼，眞沒意思！」的怨聲來。事前在心中就產生了某種程度的「預備」的期待，往往會把原本有趣的話變成無意義的效果。

在這裏我再附帶介紹一種類型。最近電視上的趣味性的節目，常常運用「相反效果」的內容來製造意外性。先以「我有一句很有趣的話」爲前題，然後緊接著却說出一些完全「無意義的話」來，使聽的人感覺到相當意外的無趣，結果反而會發出笑聲來。

這是電視上所倡導的「不是可笑的節目，而是胡鬧的節目」的理由；但是，要注意的是，像這類胡鬧的手法，只有在電視螢幕上，才能顯現它的效果的。如果你在日常生活中，表演這類的笑話時，只會引起對方輕視的眼光。因爲，任何人都知道，自己雖然說：「我只有這些話而已」但是，實際上却是無法就此終結的，相信大家都了解這一點。所以，不管是怎樣的型態，要向對方提出的表現自我的原則，應該是不需要前題的。

9 提出意見時，應該以向上司請敎的態度來說明，上司聽起來也才不會感到有批評的意味。

在決定公司的經營政策或其他的重要事項時，想要對重要的問題提出自己的意見時，如果你是屬於職位較低的部屬，却以直接的語氣來發言時，可能會遭受到猛烈的反擊。像一般關係較大的問題，部屬們若滔滔不絕的評論時，在上位的人往往會感到自己沒有面子，就會發生「你們的口氣怎麼這麼盛氣凌人，竟敢藐視上司……」這種情緒上的反駁後果。

如果萬一面臨到這種情況，打算提出自己的見解時，也應該採取尊敬對方的面子的請敎型態比較理想，例如：「關於這方面，本人有這點的疑問，但是却不知道是否妥當，還請上司指示」

。以這種糖衣式的詢問態度，不僅不會威脅到上司的自尊，甚至會意外的獲得上司的好感，而樂意的開誠佈公的傾聽你的見解。

像這種請教方式，除了能使對方願意傾聽你的意見之外，還有另一方面的優點，那就是不論你所提出來的建議的優劣如何，上司也會感覺「這個人對有關公司的事，似乎相當的費心神」，因此而注意到你的能力。當然，使用這種方式，或許多多少少需要先抹煞自己的才華，但是，却能讓上司另眼相待，並對你產生親密感。所以，這種方式可以算是活用自己的建議的自我表現的方式之一。

不過，如果面對任何事情，均採用這種方式來應付時，往往會引起別人的反感；至於像自己所負責的任務，如果不能直言力諫時，可能會被誤認為是無能的人。因此，遇到各種情況發生時，需隨機應變，方為上策。

10 在無意中先預告最壞的情況，即使最後終於失敗，對方對你的印象也不至於太差。

在工作階段中，若遭遇到不理想的狀況時，應該怎樣把事實傳達給上司，這事是關上司對你的評價的關鍵。例如有一個推銷員，本來每個月大約可以推銷三十輛車子；但是，在某一個月中，他預測自己可能只能賣出十輛車而已，那麼在這種情況之下，他應該事先向上司傳達說：「這個月因為剛巧碰到某某公司也發售新車，我恐怕只能推銷四～五輛車而已！」但是，事實上最後是賣出了十輛，由於上司已經預先獲知了最壞的狀況，因此，他就不會對你這個月較差的業績留下特別不好的印象了。

然而，如果你在事先是說：「只要我努力推銷，也許可以賣出十四～十五輛」時，因為最後的結果只有十輛，所以上司對你的失敗記錄，就會留下特別深刻的印象。

11 「聽到你的話，使我聯想到……」，以這樣的前提和對方溝通時，自己的意見比較容易被對方接受。

近代日本的工業技術，可說是居於領先世界的地位；因此，有許多的先進國家或歐美的考察團，就常常前往日本訪問，結果發現日本的品質管理這方面的成就特別值得注目，這是參觀者最有興趣的項目。日本的品質高的重要原因是，重視職員的提案，以及制度的改善。

所有的製造廠商，以及任何有關係的各行各業，到底要怎樣做才能製造出品質良好的製品，歸納起來大致有二大要素，一是在日常中就要求大家提出改善的建議；另一是同時並對優秀的創意，很積極的採納的方式。事實上，優秀的改善案，必然是可以提高生產能力的；而且，由全體的品質管理的觀點來看，也是使全體員工擁有參加意願的做法，這才是其中最大的效果。

也就是說，有關自己的意見，只要可行就有被公司採納的機會，這對員工們的工作慾望，會產生很好的影響。另一方面，像這種參與的意識，在人際關係中，就可以完成重要的任務。畢竟，當自己感覺到上司可能會採納自己的意見時，任何人都會感到很滿足的。

假使你能夠對上司說：「上司，您常常告訴我們，要我們也能對公司外維持著良好的人際關係。現在我打算遵照您的指示，往這方面努力的擴展，但是，我覺得應該要提高交際費……」。這本來是兩件毫不相干的事情，如今却意外的連接在一起，但是，却會使上司產生錯覺，以爲部屬十分的尊重自己的意見。如果再更進一步的說：「聽到您的話，我才想到……」，即使下面連接的是毫無關係的事，也可以發揮「參與意識」的效果。

12 對於企劃或提案，不要設計到百分之百的盡善盡美，應該留出上司提供意見的餘地。

近來，棒球活動以個人方式的玩法，最受到排斥，這種衝突，原本是始於企業社會中的。如果身在集團時，其中有一個人刻意成爲優等生，整個團隊精神就會發生凌亂。就像是一個對工作充滿自信的優秀職員，往往很容易在群體中變成單跑的情況。

舉一個最切身的例子來說，如果想要使企畫或提案順利通過時，必須先要提高全體人員的參加意識，使大家都會產生自己也在參加活動的幹勁或活力來。但是，如果提案中，從第一項到第十項都完全考慮完畢時，其他的人就沒有參加意見的餘地了；尤其是上司，更會感覺到你的喧賓奪主。提案者本身，也許心情很愉快，但是，老實說，恐怕會引起其他人的反感，甚至會被扯後腿。

在這種情形下，應該留些讓大家一起商討的餘地，這才是上策。同時，也應該對上司說：「我的能力只能考慮到這裏，其他的方面，恐怕是我能力之外的事。」要像這樣給上司保留面子才是。另外，由於能夠滿足全體人員的參與意識，因此，自己的提案也比較容易獲得通過。而且，別人也會對提案者產生「這個傢伙眞有辦法」的印象。如此之後，自己的身價不僅可以提高，大家也會以一種親密感的表現方式來接納你的。

還有，這種處理方式，在修正的過程中，比較容易發揮同伴意識，可以說是極具優點。等到實行提案時，大家也會產生責任感的。一般而言，集團所決定的事項，比個人所決定出來，而被遵守的比率還要高。

13 有關專門用語等，若無意間使用時，比較能夠提高他人對自己的印象。

我們搭乘巴士或進入咖啡店時，偶而會聽到別人在會談中使用一些專門用語或外國語言時，我們在那時候才會意識到那些人的存在。有關這方面的事情，想必每個人都曾有過這類的經驗吧！

這種情形，就是記憶心理學中所說的「凝離效果」的作用。例如，在許多數字的排列中，偶而出現了一個溫泉記號時，這個溫泉記號，就會特別的顯著。像這樣在許多相同的東西中，如果有少數的異類存在時，這些異類就會特別的顯著。這就是所謂的「凝離效果」。就像在日常生活的會話中，只要包含了平常很少使用的專門用語或外國語言時，我們就會發現那句話，並對使用那句話的人留下印象來，這是人類心理上極爲自然的表現。

花花公子的技巧之一，就是在他們的說服語句中，會說出：「斯湯達爾這樣說……」，在無意中說出一些使人感受到他的涵養的詞句。聽說當他們這樣說時，很多女性就會認爲對方很有涵養，而被其吸引。也就是說，如果在日常會話中，能夠插入「涵養」這種異質，這個人所說的話，就會顯明起來，而使別人留下強烈的印象。

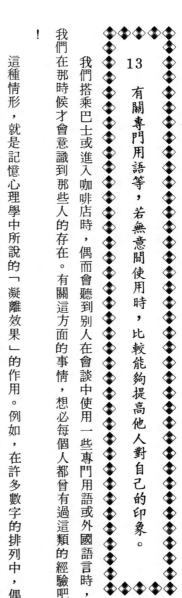

因此，像這樣在無意中使用「文明的涵養」的言詞時，是可以增加別人對自己的好印象。但是，如果經常使用這些言詞，「凝離效果」就會轉為淡薄，而且，會讓別人產生「這個傢伙眞驕傲」的反效果，甚至產生更惡劣的印象。所以，這點應該特別注意。

14 引用諺語或名言，可以使自己的言詞具有說服力。

當自己被重義理的人勸導說：「你可以出來參加候選，」時，一般人對於面對這種場面，總是不知如何回絕，結果却擬出一大堆的理由。然而，這種拒絕方法，往往無法使提議的人退場。日本的明星高島中夫先生，聽說他曾經面臨過這樣的事情，但是，結果他却很巧妙的拒絕。

他借用日本江戶時代的歌舞劇演員坂田藤十郎的話說：「自古以來，如果演員表演的不好，也不會產生任何害處；然而，即使他演的再好，對社會也沒有一點益處。所以，實在是不必要花費太多的辛勞。」以這樣的譬喻來把自己不想當政治家的意思傳給對方。

相反的，如果高島先生直接拒絕說：「我並不適合當政治家」或「我不喜歡政治」時，對方不但不會同意你的意願，反而會覺得「這個傢伙自以爲是」，也許就因此產生了不愉快的印象。

高島先生所運用的「巧妙」之處，就在於能夠引用名演員坂田藤十郎的話，而使對方產生好像是坂田藤十郎所回答一般的錯覺，最後終於不留痕跡的婉轉拒絕成功。

有時候，雖是同樣的一些話，但是，如果是由專家或社會地位崇高人士的口中說出時，却會比較容易被大家接受。這就是心理學上所謂的「威光暗示」的效果。另外，想要使自己的言詞具有說服力時，如果能夠引用名言或諺語，也是一個好的法子。對方聽到之後，會感覺到你似乎是敍述著一件眞理，比較容易說服對方。

15 使用帶有尾數的數字時，可以增加所說的話的可信度。

大體上來說，日本人比較沒有數字觀念。因此，在日本，NHK中的「趣味問答競賽」的節目中的播音員鈴木健二先生，由於他能夠把千位以下的數字記得很清楚，所以被大家視爲超人。雖然我們不必一定要努力到鈴木播音員的程度，但是，只要你非常擅長於記憶數字，就可以獲得許多的好處。

例如我們在電影中可以看到國會的預算委員會在開會中，其中一位代議士報告說：「今年的通貨膨脹率大約是××%；因此，社會福利的預算，只會增加××%……」時，大家都會認爲這位政治家是相當有魄力，因而令人十分敬佩。所以，也有一些國會議員，利用這種策略，特地在事前即計算出這些預算，然後把帶有尾數的數字強記起來。

我們雖然不是政治家，但是，這種策略，是具有很高的實用價值的。在日常生活中，儘量把必須要運用的數字，記憶到尾數，而且，如果能夠把這些尾數像每日三餐一般的慣用，對方就會認為你非常精明，而增加對你的印象。同時，信賴度也會提高。

有關「尾數的效果」，往往會在意外中，發揮它的作用。某市立銀行的經理，曾經在擔任分行的主管時，發生了這樣一件事。

有一天，他的一位部屬，因爲融資的問題來找他商量。他仔細的翻閱申請的文件，發現是一個藥房的老闆，想要申請借款九十一萬元。當時，他就問這位部屬：「爲什麼不申請一百萬元，偏偏要申請像九十一萬元，這種帶有尾數的金額呢？」這位部屬就傳達藥房老闆的意思說：「目前只需要九十一萬元就夠了，太多無用。」後來，這位分行的主管，因爲受到這位老闆能夠計算出帶有尾數的經營態度所感動，立刻就蓋上了「核准」的印章。

16 對別人所提出的問題，能夠深呼吸後再回答時，對方會認為你很慎重。

在就業面試時，還沒有等到考試官的質詢說完，就搶先回答的人，會使考試官有不快感。這是因爲當對方還沒有說完，你却搶先回答，對方會覺得你似乎已經知道話題的內容了，或是會感覺你似乎不願意聆聽別人的敍述，是自我本位的人；或是認爲你是一個很粗心大意的人等，而留下了不好的印象。

在這種情況下，最好在聽完對方所質詢的問題之後，等到做完一次呼吸之時再回答，這樣比較不會給人有不懂禮貌的感覺，而且，這樣一來，也會使對方認爲自己是位深思熟慮的人。這種表現方式，不僅可以用在口試時，甚至其他許多方面也同時可以應用。但是，如果關於一次呼吸的時間，保留的太長時，也會令人覺得缺少靈活的反應。

17

雖然不懂得說服的方法，但是若資料的準備很充足，也可以提高可信賴感的。

我的一位朋友，最近購買了一架新的工作母機。然而，據他所說的理由，是因爲他被那位推銷員的巧妙技巧所折服才購買的。那位推銷員攜帶了很多其他各家廠商的商品目錄前往他的家中，一面比照那些商品目錄，一面強調自己公司製造的產品的優點。

這位推銷員的做法，實在是恰到好處。因爲，當一個正準備決定某種事情時，一般都會：(1)先把相關的情報收集起來(2)再確定情報的來源是否正確等，以這二點做爲判斷的基準。而把這二項，變成視覺化的東西，就是所謂的資料了。這位推銷員，是把別家的製品的情報，以目錄說明來代替，這滿足了人們心中的慾望；另外，他又以十分熱心的研究姿態，巧妙的使我的朋友對他的製品產生「目前所有的工作母機中，這是最優秀的機種」的意念，而激起購買慾，使我的朋友不得不屈服。

利用資料來當成自我表現的武器，就像這位推銷員一樣，他表演了「一切均齊備」的畫面，這可以說是很令人心動的一種手法。也就是說，在對方的眼前，排列出許多的資料，雖然事實上並不一定要使用這些資料，但是，你只要能夠堆出那麼多的資料，的確可以提高你所說的可信度的。不過，有一點需要注意的是，在當時如果對需要使用的資料，花費了許多時間去尋找時，反而會製造出相反的效果了。因此，最好在必要使用的地方，用書籤夾起來，等到要抽出時，才能在短時間內展示在顧客面前。如此一來，對方一定會感覺到你的能力非常強的。

18 向人說明有關自己專精的方面時，最好能夠不使用專有名詞，這樣比較容易獲得好感。

我可以算是一個非常富有好奇心的人，因此，我常常會不斷的研讀一些不是自己本業的書籍。當然，一開始的時候，我並不是看專業書，而只是入門書而已。但是，對這些入門書，我也經常遇到無法吸收的部分。因爲，雖然是入門書，但是，書中使用專有名詞却意外的多。有關專有名詞，在第一次出現時，書中都附有說明；然而，由於專有名詞的頻繁出現，我們繼續讀下去時，往往就會混淆不清，結果情緒遭受影響，最後無心研讀而中途放棄。

這種對入門書的感覺，以及會引起自己生氣的情況，我曾經問過許多的年輕研究者，發現大家都是一樣。因爲，對對方來說，也許是平常使用的慣用語，但是這種一面使用專有名詞，一面說明他們的專門事物時，對一個門外漢來說，當然會感到十分的莫名其妙。所以，如果打算對外行人敍述自己的專精事物時，最好儘量不要使用專有名詞來解釋，這樣比較容易使對方了解。能夠考慮到這方面的人，才能獲得對方的好印象。

尤其是年輕人，如果隨隨便便的使用專有名詞，最容易被認爲是盛氣凌人的態度，因此，應該特別注意才好。而且，有些人會不屑地輕視這是「一知半解」的表現，而產生嫌棄、厭惡的口吻，實在應該避免。

19 有關暢銷類的書籍，不必一一的研讀，只需表現出自己的關心度就可以了

不論從事那一種型態的工作，如果沒有時代感的話，就不會有進步。這是個日新月異的時代，時代感可以說是每一個實業家必備的條件。爲了滿足這個條件，我們必須對流行語、商業、電視的綜藝節目、周刊雜誌的頭條記事、暢銷書等，擁有一份關心，畢竟，這些都是屬於一種流行的潮流。因此，對其中的詳細內容，並不需要特別花功夫去研究；但是，爲了趕上社會的傾向，這些方面的知識，是任何人都不應該忽視不顧的。

有些人也許認爲不讀暢銷書的人，恐怕是知識淺薄者。其實，並不需要刻意的塑造自己成爲評論家的姿態，因爲，一般來說，實業家並不熱衷於評價這種層面的知識。不論書本的內容爲何，如果是獲得有一百萬或二百萬這麼多的讀者時，這就是社會問題中不可漠視的重點了。所以，必須要擁有走上時代先端的意向。這對成爲一個現代人來說，的確是一個必備的條件。

事實上，我們並不需要刻意的研讀時下的暢銷書，但是，對報紙廣告或周刊雜誌等的介紹標題等文句，稍爲用心瀏覽一下，相信不會吃虧才是。因爲，如果你和顧客聊天時，萬一談及時下的暢銷書時，而你却連書名或作者是誰都不知道時，可能會被對方視爲不夠資格成爲現代的實業家的評價，這樣就百口莫辯了。

暢銷書並不像一項鉅大的工程，需要長期的分析研究，只是完成反應時代的一面鏡子的使命罷了。如果你能夠回溯其歷史，立刻就可以聯想出其時代背景。其實，只要分析爲什麼這些暢銷書會在現代暢銷的原因，就可以培養自己擁有時代感了。

20 錯字、漏字很多的文章，會令讀者對作者產生不良的印象。

文章的好壞，或其趣味性的高低，會因讀者嗜好的不同，評價也會不一樣。但是，如果是錯字或漏字很多的文章，任何人看了之後，往往只會產生很低的評價。

嚴格的說起來，只要出現一個錯字，就會使一篇流利的文章變成毫無價值的。對於稍爲注意就可以發現的錯誤，如果沒有積極的更改，就被讀者直接指出時，結果究竟會變成怎麼樣呢？我想很可能被以一句「不夠水準」的評語來評價吧！有句話是：「校對眞可怕！」然而，如果是錯字很多的書，連其內容都會使人懷疑的，文章自從離開了作者的手後，就必須開始獨自面對廣大的群衆，因此，爲了不使別人產生對作者有不經心的印象，我們在事前就應該謹愼小心才是。

21

文章只要能寫出易讀的字體，就可以令人留下頭腦好的印象。

我在批改學生的答案時，深深的感覺到，大部分的學生的試卷都是髒兮兮的。這和字體好不好並無關係，但是，試卷不能保持整潔的情形實在太多。有的學生是使用鋼筆書寫，寫錯了就隨隨便便的塗掉，我實在懷疑他的精神是否有問題。

如果字寫的不好，事實上是沒有關係的，然而，他應該可以寫出使人易讀的字體才是；如果寫的字體容易看清楚時，閱讀的速度就會加快，讀的人的心情也會比較爽快。而且，對書寫的人，也會留下很好的印象。

相反的，如果看到既骯髒又難讀的字體時，我會感覺這個人似乎不曾在腦中思考過一般。也就是說，只從字體所感受到的印象，就可以影響對這個人已有的印象。

我曾經看過某一位有名的作家寫的草稿，字體就像「蚯蚓」般地結在一起。而且，這位作家在書寫的時候，的確每一行的字，都像一堆堆糾結在一起的蚯蚓，看起來十分的壯觀。

然而，有名氣的作家，即使他寫出多麼難讀的字體，也仍舊可以被接受的。但是，一般人的情形，就不一樣了。

舉例來說，身爲一位上司，是不會把部屬呈報上來的文件，一字一句逐一加以判斷讀下去的；只要覺得這個傢伙的字體太難懂時，可能馬上會啓用新人代替的。因此，寫字難看的職員，等於是失去了一個好機會。

22 和別人一起用餐時，如果猶豫不決，不知道要點哪些菜餚，會被對方認為是缺乏果斷力的人。

和別人一起到餐廳吃飯時，好不容易才決定出自己所要吃的菜，會使周圍的人感到侷促不安。也有些人雖然很快的決定了，但是，一下子又改變說：「啊！剛才那道菜取消，我想再點別的……」。這樣始終反覆不定，一會兒這種，一會兒又換那種，舉棋不定的樣子；如果是女性，也許有其可愛之處；但是，如果是男性，也像這種情形時，恐怕會受到同伴們的輕蔑。

因爲，這種態度，實在是非常的優柔寡斷。也許有些人不以爲然，認爲只因爲這樣的點菜，就被評斷爲優柔寡斷，而感到不服氣；然而，從另一個角度來看，只爲了吃一頓飯，就發生了這種猶豫不決的困擾，難道不是優柔寡斷的現象嗎？這也難怪別人要這樣評價。

至於在另一種情況下，例如：對左右公司命運的問題，或是決定自己的將來的重大關鍵時，不管是多麼果斷的人，也是無法速戰速決的。畢竟，面臨這些事情時，應該要有可以充分考慮的時間才是。也許外表看起來是應該速戰速決；但是，實際上應該因事而定，有時候必須是預留更充分的時間來考慮的。

另一方面，對於想要點什麼菜的問題，應該不需要花費太多的時間來做決定的；我想有關這方面的觀點，大家應該都很強；因此，如果你會被此事所迷惑時，這種態度可能會被和其他的事牽扯在一起，而全部以優柔寡斷的評價來統括。同時，當別人感覺到你是這樣消極的個性時，就會對要不要委託你去辦事的抉擇感到懷疑，而發生不信任的印象的。

23 預備約定下次見面的時間時，一面看著備忘簿，一面回答，就可以表現出很忙碌的姿態。

和別人見面後，打算再約定下次的時間時，對方說：「什麼時候都可以呀！」和對方邊取出備忘簿邊說：「我先查一查備忘簿，」然後回答：「某日的某時比較好」的表現方式不同，帶給對方的印象也會不一樣。

前者的情況，除了對方可以隨時配合自己的時間，而構成主僕的關係之外，往往還會使人懷疑對方可能沒有什麼能力。如果是後者，就可能給人很有能力的印象。

因爲，一般來說，這乃是由於每個人都有「忙碌的人等於有能力的人；相反的，空閒的人等於無能的人」的觀點。一個人不需要看自己的預定表，隨時都可以和別人見面時，好像是相當有餘暇，所以才會和沒有能力的印象連接在一起。因此，有一些經驗老道的推銷員，當他想要和顧客約定見面日子時，雖然明明知道那一天有空，也一定會拿出備忘簿，假裝要確認的樣子。一個被視爲空閒過多的無能的推銷員，還不如被視爲很忙碌的有能力的推銷員來的有利，比較能夠增加顧客的信賴。凡是有經驗的推銷員，對於這一點技巧，他們都能夠事先籌劃，而表演給顧客看。只利用備忘簿，並在顧客面前，將約定的日子登記起來，就可以使顧客認爲「這個人可能不會忘記約定的時間吧！」而因此增加對你的信賴感，並可以在顧客的腦海中留下良好的印象。

24 無意中讓顧客看到寫滿了預定事項的備忘簿時，就可以給人一種很有能力的印象。

無意中看到別人所打開的備忘簿，又發現預定事項記載的滿滿時，就會感覺這個人十分的了不起。因爲，預定表上寫的滿滿的，就會使人聯

想到前面所說過的「很忙碌就是有能力」的印象。這並不一定限於預定表，像通訊錄也是一樣，如果通訊錄上滿佈著顧客的通訊住址時，會使人聯想到這個人的交際很廣，且很能幹。

乘著顧客的這種心理，而表現出自己能力強的人也有。也就是說，在預定表或通訊錄上，多寫一些資料，並利用某個適當的時機，故意的不經心的讓對方看到。這雖然有一種不老實的意味，但是，這種表現的方式，對於獲得顧客的信賴感相當有效。

25 要隱藏自己的意向時，偽裝出無表情的模樣，也是一種辦法。

在某一齣電視劇中，曾經出現這樣的場面。一個出去風流的先生，到了深夜才回家，恰巧太太醒著等待他的歸來。太太一面幫助先生脫下外衣，突然一面的問：「你是不是出去風流了？」聽到這句話，先生在一刹那間嚇了一跳。但是，他並沒有露出神色慌張的樣子，始終假裝著無表情的姿態說：「咦！什麼，妳爲什麼突然說出這句話呢？……是不是發生了什麼事？」這樣的裝蒜僞裝。

對自己的直覺頗自信的太太接著說：「因爲你的臉上這樣寫著。」誰知這位先生却回答：「傻瓜，我的臉上是寫著不能違背太太，我怎麼會瞞著妳去做風流事呢？」始終都是以無表情的態度應付著。後來，那位太太就無話可說了。因此，可以說是這位先生的「戰鬥」成功。

當我們聽到任何動心話時，往往會出現各種不同的表情的，不是生氣、啼哭，就是繃著臉，總會呈現出許多的異狀；根據這些表情，對方就可以識破一切，而發現眞正的事實。譬如警察在調查嫌疑犯的時候，所採取的偵訊，往往都採用這種原則。所以，只要能控制自己的心志，一直假裝無表情的模樣，就可以瞞過對方，而度過這些難關。

無表情的面孔和一些需要高度技巧才能做出的假面具來比較，無表情的面孔，可說是比較容易僞裝的。如果不希望讓對方知道自己內心的意向時，以這樣的表情來應付，相信一定可以成功的。

26 陷入窘境時，「保持沈默」有時候是很好的自我表現法。

有關大學鬧學潮的事件，已經是所謂的歷史事蹟了。然而，很多在當時被學生逼迫到無法申辯的教授們，後來就改以保持沈默的方式來度過難關。其中有一位教授，一開始就有許多的學生湧進他的研究室來。但是，無論學生怎麼說，他始終都不做回答。經過了數個小時，學生們才宣告放棄而離開。從那次之後，學生們都認爲「這位教授的心中，不知在想些什麼，眞是一個難以測知的可怕的人」；後來，甚至連那些來勢洶洶的學生們，都變成不敢接近他。

像這樣遇到窘境時，始終保持著沈默，也是一個很好的辦法。因爲，沈默是一種表示某種反抗的姿勢，同時，又有讓對方感到不安的效果。也就是說，一個不說話的人，對方是無法了解他在想什麼的；因此，在這種情況下，對方就會處心積慮的推理我方的想法，觀察我方到底是不是正在思索辦法，想要利用機會反抗；或者隱藏著某種可怕的問題等。因此，對方總是會不停的想來想去；並且，在對方的腦海中，保持沈默者的印象的存在，會愈來愈大；甚至會造成心理上的壓迫感。

有些人身在窘境時，會滔滔不絕的說話，但是，這種人所說的話，往往會受到對方的追問，最後常會露出馬脚來，倒不如始終都保持沈默，一直等待難關過去，讓對方自由的想像自己，比較可以增加對方對自己的印象。因此，從這個意義來看，沈默的確是金。

27　假使自己有不對的地方，也應該始終假裝不知道，就可以淡薄自己的過錯

我常常聽到，當國人在國外發生交通事故時，只因爲說了一句「對不起！」，於是，就必須負擔全部的責任的事情。在歐美人的觀念裏，他們在處理事情時，並不著重感情，而是以責任的

所在為基準。

他們認為「對不起」，就是所謂的「我有責任」的意思。尤其是法國人，他們對這種想法最注重。所以，不管是在那一種場會中，他們絕不會輕易的說出道歉語的。

在這裏很冒昧的舉我個人的一個例子來說明。

有一次，當我和內人在巴黎街上時，停在路旁的一輛車，突然倒車過來。由於事情發生的很突然，內人也一時無法閃避，就被車子撞到而跌倒在路旁。

我趕緊的扶起她，並大聲的向那輛車的司機（是一位法國人）提醒。但是，對方却以極高昂的聲音說：

「這條路的管理員，到底在幹什麼？」

反而開始謾罵著。不管我方怎麼說，他就是仰賴著這一點理由，始終沒有一點道歉的意味。我們看到對方那種生氣的樣子，也不得不放棄繼續追究責任的想法。

從那個法國人的角度來說，如果他先行道歉時，一定是難逃法律上的責任的。然而，像歐美人固有的「生活智慧」，的確是值得我們學習的。因為，假使我有百分之百的錯，如果始終能夠假裝不知道，對方就會減消想要追究責任的態度。而且，到了最後，我方不對的比率，也會漸漸的淡薄下來。

28 以自言自語的方式，來責罵對方的錯，就不會使對方產生反感。

我國有句俗話說：「話是看你怎麼說，有時好傷人。」要責備對方的不是或錯誤時，的確是一件很難的事；因爲，要責備之時，也必須考慮不要傷害到對方的自尊心。尤其當對方是自己的上司或長輩時，有時你所說的話，可能會傷害了對方的面子。

像這種情形，可能會帶來一種令人難受的滋味；然而，只要以自言自語的方式來說，也不失爲一個好辦法。例如「怎麼到現在還沒有看到核准呢？」或「怎麼這樣不乾脆呢？」等，不指名是誰，而自個兒在自言自語。這樣一來，當對方聽到我們這樣說時，一定會知道是在影射他；但

是，因爲我們並沒有指名，所以可以保留其面子。

29 反覆的下一些命令，就可以增強你是領導者的印象。

有一次在結婚典禮的演講中，我曾聽到一個人說：「新郎××先生，我要提醒你，無論什麼事，一開始是最重要的。如果一開始你就對太太甜言蜜語，太太就會認爲這樣才合理，以後也應該保持這種模式。因此，我希望你能夠注意這一點，一開始時，對太太的態度，應該……」。也許是因爲說話者本身，在一開始時，並沒有這麼做，因此感到後悔，才會有感而發的說出心中的感想。然而，由心理學上的觀點來看，有關這類的想法，的確不是沒有道理的。

也就是說，結婚之後不久，先生如果對太太保持支配性的態度時，太太就會習慣於這種態度。像對太太說：「喂，泡茶給我！」或「拿報紙給我！」、「馬上給我準備洗澡水！」等，這是自己可以立刻做到的事情，却命令太太來做。這時候，太太就會以爲這是應該做的事。慢慢地，先生就變成了支配者，太太却變成了服侍者。這種高低的型態，在處理任何事時，也會依循這種原則的。

相反的，如果一開始就以夫妻是平等的想法來實行時；這對夫妻一輩子就會按照這種定型的

模式生活著。這件事的好壞，我們姑且不作評論；但是，「夫妻的生活型式在起先是最重要的」這個原則，的確是有某種特殊的含意的。

像這種印象的培養，也可以應用在工作場所的。對於那些經常藐視上司的部下，如果能反覆的下命令給他，就可以增強自己是領導者的印象。

30 假裝不關心，是向晚輩誇示權威的辦法。

在權勢高低很懸殊的團體中，身在高位的人，或是站在優位的人，並不需要關心周遭人員的意見，只要依照自己的想法，就可以自由的行動，這往往是身在高位的人的特權，也是他們可以享受的範圍。

相反的，職位較低的人，就必須經常的勞心勞力。地位低的人，要時常注意在高位的人的思想，看看他們正在想什麼，想要怎樣行動。不管做什麼事，都需要配合上面的人，否則，就會引起上面的人的不愉快。

只要你能夠適當的應用這些原理時，就可以對下面的人誇示你的權威，而且，也可以獲得其效果的。

例如，部屬如果有問題來請教時，爲人上司的你，可以無視部下的問題，一味地只以自我爲中心，而進行會話。舉例來說，就像：

「課長，明天以高爾夫接待的事，該怎麼做？……」

「這件事等一下再說。促進販賣的會議的資料，你到底準備好了沒有？……」

「這是一項新企劃，您看怎麼樣？」

「這個……，下個月的結算事項，你準備好了嗎？」等等完全把部下所考問的事情抹煞掉。而部下感覺自己的問題都被上司漠視後，無論是任何人，也不得不感受到上司對自己的權威感的。

當然，如果過分的超出以上的這種反覆的對話時，部下對上司反而會抱有不信賴的感覺。因此，應該要視情況而定，不要弄巧成拙才好。

31 想要讓對方視自己為「偉大的人物」時，可以以徐緩又鎮定的動作來表現。

以前我曾遇見一位被稱爲「大牌」的新聞記者；然而，也許是我缺少衡量別人的眼光，我並不覺得對方是個大人物的模樣，因此自己覺得有點想不透。他在講話時，帶有指責的意味，這是我認爲他比較偉大的地方；但是，他的動作方面，我覺得他顯的匆匆忙忙的樣子，一點都看不出他是大人物，反而很像小人物。也許新聞記者在他的職業限制之中，如果抱持著大人物的風範，恐怕就採訪不到特快的消息了。不過，一個工作和他的個性，應該不會有太大的分野。我認爲個人本身的動作和別人對他的印象，應該是有極密切的關連的。

也就是說，在我們的觀念中，大部分都認爲大人物的動作比較穩定。例如，我們看了美國的西部影片，或是日本的流浪漢的電影時，凡是飾演首領的人，經常神態都很悠然。即使車子停了下來，也決不會自己動手開門，一定都等部下來打開，接著才從容不迫的下車。如果像面臨到危機一樣，匆匆忙忙的跑來跑去的人，可以說是小人物才有的表現態度。

相反的，如果想要使自己被人視爲大人物時，應該要下意識的把自己的動作速度減慢，並從容不迫的表現出來；同時，走路時也要注意要大步的走，這樣才能達到效果。因爲，大動作可以使人看起來很偉大，無論在他人的視覺或心理上，都會留下大人物的印象。

32 背對著光和對方相對時，可以使自己看起來很偉大。

在美國，爲了建立實業家的形象，利用了各種方式，並配合心理學上的基本要點來進行。尤其是各個公司的行政官，他們對於首領或幹部，在服裝、穿著方式、以及辦公室的裝璜等，都考慮要如何才能帶給對方好的印象。

背後有光線時，對方當然就不容易看清楚這個人的表情，因此，演講者心中到底在想些什麼事，對方是無法知道的，無形中就會帶給對方一種壓迫感。所以，有些人甚至配合自己所要演講的對象，或是講話的內容，而叫秘書調整室內的照明光線。也就是說，精通於這方面技巧的人，成功的機會也愈快。

雖然我們並不需要做到這種地步，但是，如果我們能稍爲留意一下當自己演說時的環境，並選擇自己背後有光線的角度，以使對方看不清楚自己的臉部，在開始演講時，就會留給聽衆深刻的印象，也不會使對方看到自己害怕的表情，從效果來看，往往可以使人認爲自己很能幹。

33 直線條的西裝，可以增加自己更偉大的效果。

視覺心理的原理之一，有一種叫做「錯覺」。這方面的意義，我想大家都已知道。現在，我們來說有關直線條以及橫線條的錯覺。在同樣大小的正方形中，用等距離的間隔畫上直線條和橫線條時，結果發現，橫線條的正方形，看起來是由上下延伸，直線條的正方形，看起來是向東西延伸，有膨脹的感覺。這種情形在西裝也是一樣的，所以，穿著橫線條的西裝，看起來會顯得苗條些；如果是穿著直線條的西裝，會給人一種偉大的感覺。

因此，如果對自己的體格不太有信心的人，最好是穿著直線條的西裝比較好。有關體格的問題，也是很有意思的。根據美國哈佛大學的追踪調查的結果，發現身體的大小和工作的效率大小，是有相當大的關係的。事實上，如果站在身體比自己龐大的人前面，自己就會感受到壓迫感，且心情也會很奇怪的萎縮起來。我想有關這個報告，或許和這種心理因素，不會沒有關連吧！

也就是說，感覺對方身體很大的這種印象，很容易和對方的體力或某些方面的能力牽連在一起的；因此，穿起直條式的西裝時，不僅是把自己表現的大一些，還使對方認爲自己是具有某方面能力的人物；最重要的，這無非是想獲得俗話常說的「大人物」的印象。對這方面最精通的，就是政治家們，他們大部分都喜歡穿著直條式的西裝，好顯赫自己的名聲。

34 和第一次見面的人相會時，若穿新衣裳，就表示對對方的怯場。

想要和第一次見面的人相會，或是在相親或口試的場合，一般都認爲如果穿起新的衣裳赴約時，比較可以向對方表示，這種觀念似乎很普遍。但是，其實效果是完全相反的，因爲自己反而會被對方視爲卑屈的。

服裝可以象徵一個人的格調，也可以說是「發揮自我」的工具。然而，新製的衣服或新買的鞋子，總會有一些不太合身的地方的。也就是說，會妨礙到「發揮自我」；而且，有時更會影響動作，而引起不自然的感覺。

一個已經熟悉在輸送帶上擔任釘螺絲釘作業的男人，在街上行走時，必定很習慣的觀察那些製作女性服裝中的鈕扣或消火栓的螺旋釘的作業。這有點類似卓別林的故事，但是，所謂的卓別林本來的目的，是打算超脫機械化的動作。這是把滑稽的動作，很巧妙的表現在螢幕上。

新製成的服裝，會有些不合身的感覺，也是完全根據這個道理的；這只會使看到的人產生滑稽感，而不可能把眞正的自我表現出來。因此，穿新衣，很容易被對方洞悉自己所怯場的部分，而影響了自我。

因此，要和第一次見面的人相會時，往往會發生緊張的場面。所以，所穿著的衣服，最好要選擇曾經穿過數次的比較好。這樣一來，心情自然可以輕鬆、穩定。新進的職員，也許比較能適應新衣服的感覺。不過，一般說來，還是最好能夠選擇已經穿過，而且也掛在房間內好幾天的服裝，才不會產生心中不協調的感覺。

35 聽到有趣的話要說有趣；遇到不知道時，要說不知道，如果沒有這種反應，會被認為反應遲鈍。

有二位編輯，爲了請求某個作家寫連載小說，就前往這位作家的家中拜訪。這二個人，有一個是資深職員；但是，另一個却是新進的，只不過有一～二年的經驗而已。聽說以前擔任這位作家的作品的編輯者要換人，因此才要新的編輯者一起加入。

從以前的情況來看，說話的指導權都是由這位老練的編輯者擔任的；然而，爲了往後著想，因此就儘量爲新進的職員製造機會。誰知這位新進的職員聽到那位作家的話後，並沒有表達「眞有趣」的反應，也沒有提出任何的疑問點，只是一直認可、點點頭而已。第二天，那位作家曾打了電話給那位老練的編輯者說：「昨天和你一起來的××先生，腦筋是不是反應比較遲鈍？」

我聽到了這件事情的經過之後，覺得這是必然的現象。因爲在發言的人，往往都會希望對方能夠了解自己所講的內容，在無意間啓考對方的興趣來；然而，如果對方沒有這方面的反應，就無法達到預期的效果了。在談天的場合中，對方如果能在聽了自己的內容後，反應說：「眞是讓我嚇了一跳」、「好厲害」、「在這裏我有一點疑問……」等時，講的人就可以體會出對方關心的程度，而認爲他是一個反應相當不錯的人。

36 反覆的使用「我是……」、「我的……」等，可事增加並鞏固別人對自己的印象。

我們聽了政治家的演講或當他們被訪的發言時，常常會聽到他們說：「根據我的想法……」或「以我的政治生命爲賭注……」等，時常的可以聽到有關「我」的言論。每個人都知道，對一個政治家來說，如何的推銷自己，就是賭注生命的大問題。因此，頻繁的運用「我」來號召，也是爲了提高自己的印象的一個手段。

中文和西洋文不同，很少把「我」字掛在嘴邊，尤其在日常的會話中，大部分都是不使用「我」的。因此，並不會像政治家一樣，經常說著「我認爲是這樣的」。這是不把大家的想法或意見、感受表現出來的曖昧的說法。這樣一來，一旦要付起責任時，就可以不必肩負起來。這是具有防衛的意識存在，而在無意間發揮其作用的。也就是說，不單獨的強調是「我」的主觀意念，因此，就可以避免周遭的一切發生必要的衝突。

所以，如果是以「依我個人的想法……」或是「在我個人的印象中……」時，別人會認爲我在做鞏固自我的遊說。但是，另一方面，在會話中，下意識的使用「我的」或「我是」時，也會達到很有利的效果的。不過，這種說話方式最好不要濫用，否則，會被別人誤認為你是故意在標榜自己，有關這一點應該注意。

37 推銷自己的要點，是把重點集中在三個項目之內，就可以提高自己的印象。

在日本東北部的某一個城市，有一家擁有超群業績的大飯店。由於它是最近才新成立的大飯店，因此，居住在附近幾個縣市的人民中，若有比較大規模的結婚典禮時，都是借用這家大飯店的場地舉行。在當地人的觀念裏，只要是借用了這家大飯店來舉行結婚典禮時，都會令人感到十分的榮耀。其實，這家大飯店為什麼會這麼的享有盛名，主要是其業務經理將內部的要點集中成二點的緣故。

這二點就是，只有這家飯店才會做出合乎標準的菜餚且格調又高的宴席。以及這家大飯店所使用的美術燈，也是全國第一。小的房間至少花費數千萬元的日幣，大的房間則花費一億元的日幣。因此，在日本，一坐入計程車中，只要告訴司機這家大飯店的名字時，大多數的司機都會隨口說：「是不是那家美術燈很漂亮的飯店？」或是「是不是那家會做出標準菜餚的飯店？」。由此可見，那家大飯店在人們心目中的份量有多重。

同時，日本的野末陳平先生在參議院議會選舉時，也因為能夠強調「降低稅金」並將它作自己唯一的發表政見的重點，最後終於獲得成功。

以上的這兩個實例，我們可以從其中得知，想要推銷自己的要點，應儘量簡要比較有效。頂多以三個為限，如果太繁瑣時，反而會淡薄自己的印象。

在就業考試的口試階段中，最好不要強調自己在文武方面都可以精通，而只要說「至於在爬山方面，我則有不向任何人認輸的自信心」就可以了。這樣的表達方式，可以給考試官一個比較明確的印象。

38 當自己擁有某一種特殊的才能時，別人就會另眼相待。

日本的NHK的節目裡，擔任巴洛克音樂解說的皆川達夫先生，是我從高中時代即相識的朋友。他因為擔任這方面的講解，獲得義大利的獎狀，而成為巴洛克音樂的權威。然而，他的正式職業，則是在日本的立教大學擔任西洋音樂史的教授。

但是，從他的興趣來看，我眞不知道到底那一方面才是他眞正的本行。因此，他的確是一個超人。

高中時代，他對歌舞劇感到厭膩，却在校慶時表演過。那時，他的演技著實讓觀衆嚇了一跳，因爲，大家都不敢相信那會是一個高中生所演出來的戲。由於他出生於演技世家，因此，對演戲的技巧很了解。

但是，後來他又對洋酒感到興趣，也曾出版過這方面的書。讀到這裏，我們可以了解他是一個很了不起的人物。

因爲皆川先生認爲，每一個人都應該擁有一種比別人更深的知識。然而，這並不是一件很困難的事情，不論是酒或洋酒的知識，只要有心去調查，任何人都可以擁有比別人更超越的知識的。或是對「早安」、「午安」等的寒暄語、公雞的叫聲方式等，都能夠以世界各國不同的語言說出來時，也許表面上看起來沒什麼特別的意義，但是，只要具備了這種程度的知識，就可以令人驚訝的。

在某種機會來臨的時候，只要你把這些知識大略的表現出來，周圍的人就會立刻改變對你的觀感，也不會有「哼！眞是無聊！」這樣的反應，反而，大家都會認爲你這個人眞了不起，因而對你另眼相看。這對於提高自己的印象的效果，一定會奏效的。

39 愈和自己的工作相左的嗜好，愈會給人深刻的印象。

以前我曾經讀過一篇文章，那是敍述一位年輕的醫師，平常，一面到醫院上班，一面又到拳擊館練習拳擊的事。因此，這位我素未謀面的醫師，從此留給我深刻的印象。從醫師本身的這種智慧的職業，和完全相對的拳擊這種激烈的運動，可以使我連想到，這位青年醫師是一個多麼有魅力的人物。因爲，這位青年醫師，從他的外表和職業身分來看，一點都不像一個趣味的人物；但是，由於他的嗜好，使人對他的個性有了另一種潛在的，又廣又深的看法，不會只是一味的刻板而已。所以，就會帶給人們深刻的印象。

這是因爲那個人的外表和興趣之間的距離，容易使人聯想出那個人有未知的潛能。這種距離，如果愈大，愈容易使人聯想這個人擁有更深的潛能。因此，對這個人的評價，無形中就會提高。也就是說，由於這種「不像樣」的獨特興趣，是會構成別人對他的能力有不可限量的感覺，因而成爲留給對方深刻印象的有利武器。

當然，嗜好這方面的事情，並不是爲了要讓他人承認才去實行的。不過，如果你本來就有這種「不像樣」的興趣時，只要在無意間表現出來，也是自我表現的一種方式。這樣一來，別人對你的印象，自然地就會提高；對你的評價，也可能會因此而比過去更增高的。

40 在宴席上，坐在上司的鄰座，可以使別人對自己的能力評估更高。

「狐假虎威」的方式，也許是弱者的做法。但是，有時候假藉一下「虎威」，也是一個巧妙的自我表現的方法。例如在日本的職田信長的繼承典禮中，日本的豐田秀吉所採取的行爲，就是這方面的技巧。豐臣秀吉首先就抱起年幼的三法

師丸坐在上座，令和他敵對的柴田勝家對他無可奈何。因此，在不得不向三法師丸鞠躬致敬的同時，也向豐田秀吉低頭。最後不得不把領導權拱手讓給豐田秀吉了。

只因爲身在長輩的旁邊，就可以使自己看起來更了不起的做法，可以稱得上是一種「威光暗示」。在實業界中，這也是可以適用的方法。例如在宴會席上等場合，如果能夠坐在上司的隔壁，周圍的人一定會認爲這個人和上司一定很親密，對他就會產生一種不可隨便侵犯的感覺。

41 要利用「場地」表現自我時，必須在事前先到實地去觀察情況。

約會時，如果想要強調自己是一個老練的人，而選定在某一家一流的大飯店的會客室等待對方，並且，打算就地利用該飯店的餐廳用餐，這是某一些人常常使用的手法。但是，如果那家大飯店，你是第一次進去時，有時可能會露出馬脚，反而會造成反效果。舉個例子來說，本來是打算在該飯店的餐廳中用餐，結果因爲沒有事先調查，後來才知道原來那裏只是酒廊。

如果是熟朋友，也許可以說：「本來我是預備就在這裏用餐的，沒想到這裏是酒廊……」，這樣一邊搔著頭，一邊向對方道歉，就可以了結自己的尷尬。但是，大部分發生這樣的情況時，總不免受到對方的輕蔑的。不過，也許並不會發生太離譜的情況，但是，在這種第一次來臨的地方，總是難免有這種不穩定的感覺。原本是打算藉此提高自己的印象，反而得到反效果。

在特殊的情況下，如果眞的要借用這個「場地」來表現自我時，最重要的還是要事先調查清楚。因爲，如果曾經有到過某處場所的經驗時，心情就會比較穩定，也可以向對方提示說：「洗手間就在那裏。」而表示出自己很習慣於這個場地。

不只限於一流的大飯店或餐廳，甚至是一般的麵館，在表現自我的原則下，絕對不可以忽視任何有關的事項的。假如你是和別人一起上館子時，如果這是自己第一次去的場地，在心理上一定會有某種異樣的態度的。

因此，如果想要利用某個「場地」做自我表現時，最好是以活用「習慣的場地」爲原則比較理想。

42 違背對方的「任務期待」，反而可以提高信賴感。

這是以前我準備請人來修建房屋時發生的事。在動工之前，我事先已經請工人來看過，但是，那位工人在看到我的房屋之後，反而這樣說：「這麼好的建築，要被破壞，實在很可惜。如果是我，我一定會保留不變的。」聽到了他的話後，我心中就想：「如果把工程委託給這個工人，他一定會把它修建的很理想。」因而打算完全的信賴他。雖然他是一個大家一致稱讚的有才華的工人，但是，由於我是第一次請他來做事，本來心中就有一點不安感，不知道他的技術如何？然而，這種不安的感覺，就在聽到他所說的那些話後，完全消失無踪了。

因爲，他違背了我的「任務期待」。任何人對所接觸到的人，都會因對方的職業或社會地位，而聯想出這個人可能會有這種舉止的「期待感」吧！如果對方是推銷員，可能認爲他一定是爲了要推銷某些東西，才會盡力在做某些說服自己的言行；如果對方是工人，應該會建議我們怎樣去修改才好。然而，當對方違背了我們的「任務期待」時，反而說出了對其本身不利的事，就會使我們產生意外，同時也會產生對對方的信賴感。

日本的野末陳平先生在日本上一次的參議院的議員選舉中，曾以有關稅金的主題，舉行過好幾場的政見發表。但是，聽說在每一場的政見發表會中，從沒有聽到他拜託大家一定要賜給他一票的要求。結果，他最後仍然獲得勝利，這大概也是因爲他能夠違背了選民對候選人的「任務期待」吧！

像這種情形下，想要推銷自己時，故意的違反群衆的「任務期待」，也是一個很有效的方法。

43　在年終聚餐等場合，如果表現出和往年稍為不一樣的型態，別人就會認為這個人很「能幹」。

每個公司都會有很多舉辦聯誼會的機會，每個幹部可能會經驗到一次或二次的負責任務。如果被選中成爲某一個聯誼會的幹事時，就是表現自己獨創力的最好機會。因爲在這種聯誼會中，如果你能夠排演出前幾年所沒有出現過的場面，你就可以得到「能幹」的評價。

當然，有關這類的活動，並不一定要考慮到規模很大的型態，許多細節部分也是可以表現出自己獨特的手法的。例如，把會場佈置，改變成一種嶄新的型態，這也是一種很好的方式。只要這樣的改變，也會獲得「到底是誰設計出這樣好的場地呢？」的艮好評價的。

不過，有一點要注意的，就是像這種聯誼會，雖然和工作上並沒有直接的關係，但是，也不能否認其利害關係。平常在工作崗位上並不是很特殊的人物，當他擔任聯誼會的幹事時，如果發揮出過分與衆不同的手腕，可能會有人給他取名爲「宴會部長」的諷刺頭銜的。

從這一點來看，要發揮自己的獨創力，最好是選擇一些細節部分就好；別人就會對你產生一種「很懂得玩樂的男人」的印象。在日本的社會中，只懂得努力工作的人，並不一定是有能力的人，必須在工作和玩樂雙方面，都能夠做得很好的人，才不失爲能幹的人。

44　想要讓對方做某些事時，故意說反話，比較有效。

有一些人聽到別人說：「不要做壞事」時，心理反而出現想要做做看的意向；當父母說：「多用功讀書」時，有些人就偏偏放下書本了。因此，人的心理，可以說是很奧妙的。至於能夠逆用這種心理，而得到好的效果的，在日本就是以彈奏小提琴享有盛名的鈴木鎮一先生。

有一天，有一個可以說完全亂七八糟的拉著小提琴的小孩來到鈴木先生的家裏，他看起來就不是爲了學習小提琴而來的。因此，鈴木先生就對他說：「我看你的琴拉的亂七八糟的，這種聲音你大概拉不出來吧。」就故意的拉出某種聲音來讓那小孩聽。這時候，那個小孩馬上說：「我會！」於是，馬上模倣那種聲音拉出來。鈴木先生又說：「那麼，這種聲音你可能就拉不出來吧，」又另外的拉出別的聲音來。在這種反覆的對那小孩說：「這樣你可能就不會吧！」的刺激下，就引起了小孩對小提琴的興趣，終於成功的使他拉出很美妙的聲音來。

從事教育工作的人，往往會教人「這樣做」，以此種命令式的口吻表現：但是，這在心理學的作用上，可能會達到相反的效果。根據以上所舉的例子，我想各位一定都了解這種現象。如果對象不是小孩子，當你想要勉強對方去做什麼事時，很可能也會遭受情緒上的反駁；如此一來，雙方的感情也會導致不愉快的。

當我們想要讓對方去做某些事時，最好不要激怒對方的情緒。想要啓發對方時，有時應該故意說出相反的語氣，這也是一種辦法。不過，如果演技太差時，就會產生反效果，因此要多加注意。

45 坐下來後，能保持挺胸的姿勢，會給人有魄力的印象。

我自己本身因爲有一點駝背，所以每次看到別人挺胸的姿態時，每每升起羡慕的感覺。駝背這種不良的姿態，在印象上往往是略屬下風的，不僅不會令人感到有年輕的神情，甚至是會產生不好的印象。

相反的，凡是能夠挺起胸膛的人，看起都很活潑，會帶給對方一種很有魄力的印象。尤其坐在椅子上時，如果是一副駝背的樣子，看起來就好像自己怕著對方似的，就有怯場的象徵，而容易使人覺得你缺少自信。因此，我自己也時常提醒自己，儘量挺起胸膛來。

「端正的姿勢」往往含有⑴私生活非常規律⑵正面和問題搏鬥的這些意義。因此，坐下來後，也能夠保有端正的姿勢時，就可以造出誠實的印象的。而且，這樣的姿勢，由於帶有牢牢盯住對方的意味，所以，常常會令人感到是一個有能力的人的印象。

一般說來，由心理學的觀點分析，坐下來後會彎著身體的人，內省性以及防衞性的傾向很強。也就是說，大部分是屬於令人討厭型的人。

46 想要表現自己是堂堂正正的人，講話時最好看著對方的眼睛。

由於工作的關係，我經常會接觸到各種年齡或各種社會地位的人。然而，促我感覺年紀雖然很輕，但是却是堂堂正正的人，是那些在說話時，一直可以看著我的眼睛的人。

彼此看著對方的眼睛的這種行爲，是會帶來緊張的氣氛，因此，平常在講話時，我都會想要避免這種不必要的緊張場面，無意中把視線移轉到別的地方的習慣。舉例來說，當電梯內有很多人的時候，大家都會把視線移轉到天花板，這也是爲了避免在近距離中視線相遇的現象。畢竟，視線相對總是會帶來緊張的氣氛。

因此，正對面的看著對方的眼睛說話時，就會宛如給予對方強烈的打擊一般。更具體的說，就是會給對方有堂堂正正，並且深具自信的印象。

相反的，如果不敢正視對方，或是一直看著下面時，就是表示對自己所說的話沒有自信，或是表示自己的身分地位低於對方。

我們經常可以看到有些人總是低著頭講話，這很容易就表現出懦弱的樣子；當自己處在不利的情況時，爲了表現自我，雖然多少會有些緊張或不好意思，最起碼也要正視著對方的眼睛來說話比較好。尤其，當你要表示一些自己的意見讓對方明白時，一定要牢牢的盯住對方的眼睛，使對方感受到自己的魄力和自信。如此一來，也可以增加自己的說服力。

47 想要展現自己的魅力時，不妨表現天真一點。

龍角散的董事長是日本的藤井康男先生，因爲是全日本第一的輪船模型的收藏家，所以，家中充滿了各種輪船的模型。藤井先生的嗜好，聽說並不只在這方面，甚至還想要當一個音樂的愛好者；並打算組織管絃樂團，由自己親自參加演奏的活動。

收集船的模型或組織管絃樂團，對藤井先生來說，並不能賺得一塊錢的利益；而且，有許多喜好批評的人，甚至認爲他的這種嗜好，好像一個孩子，像這樣的輕視的意味也有。但是，對藤井先生熱衷於這種收集的嗜好，反而有很多人認爲很有魅力。

因爲，他能夠超越大人社會的利益，而熱衷於這種活動，在根本上就給人一種單純又誠實的印象。尤其是男性，當他擁有這種少年樣的天眞時，看起來就會愈有魅力的。這種精神，會使那些喜歡批評的人嫉妒，因爲這是很多人都無法實現的夢想。

能夠表現這種「天眞模樣」，也是一個製造自己的魅力的有效方式。不過，如果是故意裝成小孩樣，反而會引起相反的效果。其實，最簡單的方法，就是把自己少年時代所經歷的事，說出來讓對方知道。畢竟，任何人對自己在少年時代所發生過的事，都可以把它敍述的很有趣。這樣一來，就可以把一個人的魅力表現的淋漓盡致。

48　如果頻繁的敍述家事或私事，會留給別人精神上「幼稚」的印象。

我曾經有一段很長的時間在大學擔任教授。那時，我常常會聽到有的學生毫不在乎的帶有「我媽媽說……」的口語。面對這樣的大學生，我都會啞口無言。同時，像這種精神上很幼稚的青年，似乎與年俱增。

在小學時代，大家在會談中，常常都會說：「我爸爸……」或「我媽媽……」；但是，一般說來，小孩子經過了思春期之後，應該不會再想家裏的事才是。而且，長大之後，心理上往往很想脫離家裏，在心中很想早日確認自己是一個成人。因此，在朋友之間，這種公開的場合中，仍然還會不在乎的談論自己的家事，可能會產生一種被瞧不起的氣氛。萬不得已時，最好降低聲音說：「我媽媽說……」，以這種很像不好意思的語氣表示。

已成長爲一個標準的社會人時，如果還常常把「我爸爸……」或「我媽媽……」掛在嘴邊，實在是太不應該了。尤其是頻頻的談論家事，以及自己的私事時，會像剛才所說的「幼稚的大學生」一樣，帶給人幼稚的印象。一個人對於公事和私事無法分清楚的人，他的精神水準，往往會被視爲和小學生一樣。

「辦案刑警」連續的強調「我的天啊！……」這種口語，那是一種利用強調愚笨，而來解決事件的能幹手法。由於他是一個超級的刑警，因此才會受到一般人的歡迎，並產生敬愛之心。

49 和他人約定時間，最好不要約「某時正」，而以「某時某分」來代替，就可以表現出自己是有能力的人。

我們常常碰到一些人時，對方往往就會說：「我最近很忙。」這種人可能是爲了要強調自己的忙碌，而來表示自己是一個很有能力的人物。但是，我認爲這種做法，是一種不太理想的自我表現法。

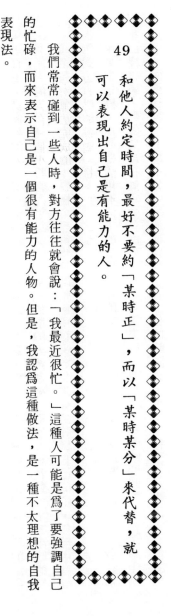

事實上，愈能幹的人，其生活一定是愈忙碌的；不過，無能的人，有時也是相當忙碌的。因爲，有能力的人在一個小時之內可以完成的事，無能的人做起來，可能却會花費二～三小時的時間，甚至還有無法完成的；難怪會覺得相當的忙。所以，如果過分的強調自己的忙，無形中就等於告訴對方自己的無能一樣。

由於很忙碌，而想要活用有能力的這種印象的表達方式，來增加別人的確認的辦法，我在前面也已經說過，那就是要在無意中說出來才對。舉例來說，要和別人約定時間時，不要說「十點半正」，而應該說「十點十分」，這種詳細的說出分的時間來，也是一種可行的方法。有能力的人，可以說對時間的運用也很注重的。不過，像這樣和人約定時，故意選擇不是「某時正」，而是稍爲帶有零星的分鐘時間的，以顯示自己有能力的印象。

還有，如果和人約定時間時，不確定的說「十點左右」時，就會給人有馬馬虎虎的印象。這樣一來，在還沒有見面之前，就會引起對方的不滿。

第二章 讓自己看起來很積極的自我表現術

——以有幹勁或熱心來表現

本章的序

我曾經向某些人詢問過，在企業的管理上，到底是需要怎樣的人才。結果，大多數的人都認為，一般都是比較需要積極或有幹勁的人比較多。即使能力相當高，却不積極時，就無法予人一種對工作很有幹勁的印象，這種人也是不受歡迎的。

消極的人不受到歡迎的現象，並不只限於在企業社會中。凡是消極而又態度曖昧不明的男人，尤其是最令女性討厭的型態之一。

當初我要為出版社執筆的時候，也是因為被編輯們的熱心和積極的態度所感動，才會有想要下筆的心情。相反的，如果那家出版社的編輯，讓我感覺有消極的印象時，我就會產生一種懷疑，認為和這樣的人合作會有不安的心情，最後就會拒絕的情形也很多。

在這裡我不需要再次強調，相信大家也會了解，積極比消極更好。也許有人會因為自己本來就是屬於比較消極的性格，而為此感到苦惱；但是，消極和積極，是可以由幾個方面來說的，並不需要對對方全盤了解後，才能下斷語的。只要許多的小地方一改變，印象就會有所不同。

舉例來說，編輯者想要跟我見面時，打電話來請我在未來的半個月撥出一個時間見他。如果一聽到我所指定的時間，就很乾脆的回答說：「好的，那麼就定在這一天」的人，我就會覺得他不積極，且對他的工作的幹勁，感覺到懷疑。

然而，如果對方說：「能不能再提前一點呢？我希望能够儘快和您見面。」對於這種人，也許我多少會覺得比較勉強，但是，我會對他的工作的積極態度，留有很好的印象。這就是說，會帶給別人有積極印象的人，一定比較善於表現自己積極的一面。

為了表現這種積極態度，必須要注意幾個要點。首先就是在行走時，走路的速度要快些，動作也要很敏捷，使人聯想出這個人的老練度。而且，讓人看到快速的行動，這對製造積極的印象，是非常有幫助的；有關這一點，也許和前兩項很類似，不過，如果能够比別人先走出一大步，也是製造積極的印象的要點。

無論如何，只要稍為改變自己日常的生活型態，就可以使別人認為自己是一個十分積極的人物。在本章中，我準備介紹一些方法。不過，那些方法不僅可在別人面前表現出積極的態度，事實上，也是一些可以使自己更積極的方法。

50 自我介紹時，自己的名字不僅在一開始的時候要說，最後也應該再說一次。

在簡單的自我介紹中，有的人只報告自己的姓名，也有的人會加上一些大略的說明。但是，所謂的自我介紹，就是一種自我表現，並不是只把自己的名字告訴對方就好了；同時，也應該讓對方記住自己。另外，在自我介紹時，自己所表現出來的態度，是好是壞，都會影響你在別人心中的印象。

在自我介紹的過程中，應該注意的要點之一，就是應該下意識的把自己的名字說得清清楚楚的。我們常常可以看到一些人在自我介紹中，總是吞吞吐吐的說出自己的名字，這可以說是最差勁的自我表現法。因爲，第一：對方無法聽清楚，當然就不能記憶你的名字；第二：這樣表達的人，等於是把自己消極的一面，故意的表露出來，這樣會產生不良的效果的。因此，有關自己的名字，應該一字一音，慢慢的說出來才是。

還有，不只是一開始要報告自己的名字，等到說完自己的嗜好，以及其他有關自己的事情後，最後還要再一次的報告自己的名字。也就是說，在開始和結束的時候，一共要報告自己的名字二次。這樣一來，你的名字被記憶，且留存在對方的腦中的比率會更高的。因此，像這種希望對方能記得你的名字的積極態度，也就是等於使別人對你有積極的印象產生。

51 在會議席上發表言論時，站著發表，可以產生更好的效果。

在演講會時，如果時間很長，主辦單位都會在事先準備椅子。因爲，如果在長時間中，一直持續站著聽講，肉體上也會吃不消的。因此，每一次當我要舉辦長時間的演講時，我一定會事先向聽衆說明。

同樣是在演說，但是，站起來講和坐著講等等不同的方式，也會帶給觀衆不同的感受。就像歌星在舞台上唱歌時，經常都是站著唱的道理是一樣的。站起來唱的聲音和坐著唱的聲音，往往是不一樣。站著講話的姿勢，比較會令人覺得他精神飽滿；也就是說，站著演講，比較可以獲得聽衆的傾聽，是使演講更爲成功的自我表現法之一。

想要在會議席上發言時，情形也是一樣的。站起來發言的音調或姿勢，才能做到更有魄力的表達。而且，這種站的姿勢，還有一個重要的優點，那就是可以鳥瞰全場的聽衆。必須先掌握會場的狀況和聽衆的反應後，才能做到更準確的演說。因此，到了這時候向全場發言，說服的功用也會因此增加的。

尤其是一些對自己講話沒有自信的人，我希望他們都能夠站起來說話。只要一站起來，就可以使人產生艮好的積極印象，這是確實的效果。

52 想要讓別人認為自己有幹勁，應該比別人先接電話。

我們雖然不是在強調「寧爲雞首，不爲牛尾」這種意味；但是，如果老是跟在別人的後面走的人，總是容易使人產生消極的印象。如果想要讓別人知道自己的幹勁或積極時，應該要採取比別人先上前一步或半步的姿勢。

例如，電話鈴響後，應該要比別人先接聽，有客人來訪時，自己先出去接待；凡是任何事，都比別人先行動時，雖然只是一些瑣碎的事，但是，只要能夠先注意這些細節，別人就會對自己的快反應，或快行動感到好的印象。周圍的人，對自己的評價，也會有所改變的。

53 敏捷地從座位站起來，對製造積極的印象是非常有效的[illegible]

假定有二個人，當他們同時被叫到時，其中一個很快地起立，另一個却慢吞吞的站起來時，你想，叫的人會對那一種人的印象比較好呢？我想，答案應該是前者吧！像這種敏捷的動作，總會令人有積極感的。而且，對工作上來說，也會認爲這個人有果敢的決斷，可以敏捷的處理事物的能力。反過來說，則會給人有遲鈍的印象。

在日本，大家一致公認的積極派的工學博士絲川英夫先生，他的活力聽說是「不使用電梯，而全用走路」的原則。難怪他的身體健康，行動很有活力，這並不是毫無原因的。因此，才會使人感受到他的積極。

54 早晨比別人早上班，就可以使人產生有幹勁的印象來。

日本作家山口瞳先生，起初在桑得利洋酒公司服務時，就比任何人都早上班，有時候甚至連守衛都還沒起來之前，他就已經到工廠了。時常由於門還沒有開，而無法進去。他謙遜的說：「我因爲自己不是一個有能力的人，因此，就覺自己應該比別人更努力。」但是，這種早出晚退的效果，絕對是不可忽視的。

當上司和同事們，仍睡眼惺忪的情形跑到公司來上班時，你一個人已經捋起袖子，以爽快的神情坐在辦公室中開始進行著工作，大家一定會認爲你這個人眞了不起。對工作的幹勁，實應以這種精神來表現。

55 挺胸而快步走，看起來精神很飽滿。

下面的事情，是我從一位在餐廳兼差的學生口中聽來的。他們的上司，在事前已經大體上教導他們對待顧客的禮儀，和碗盤的端法等，以及一些當服務生應該懂的事項，才讓他們眞正的到店內去服務。其中，聽說有一項規定是關於走路的方法。也就是說，在工作的時候，不可以慢慢的走，而經常要他們快步的行走。

聽到了這項規定後，我感覺很有道理，而且也很佩服他們的遠見。因爲，慢吞吞的行動，的確會怠慢對顧客的服務；同時，最重要的，也會使顧客產生不好的印象。慢吞吞的走，或是拖著腳步的走法，會給人有一種疲倦或懶惰的印象。換句話說，對服務生的腳步的走法，也注意到的用意，是希望得到顧客對該店的積極印象的自我表現方式之一。

不只限於服務生需要挺胸快步的姿勢，其他的人物如果能做到這一點，的確也可以使人感覺到有幹勁或積極感的。也就是說，只要快步走，就會使人產生積極的印象。

我在另一本書中也曾提到過，日本的象棋名人康晴永世先生在陷入不如意的情況時，都是利用快步走來克服的。康晴先生當初是爲了培養體力，因此才開始做快步的運動。然而，這種快速的動作，的確可以產生活力，而把將要沈下去的氣勢，恢復成有彈性的模樣。

關於走路的方法，自己常常會忽略，因此，爲了表現自我的積極面，應該要留意才是。

56 強有力的握手，是表現自己「有能力」的武器。

握手也是一種溝通的方式，同時，也是表示自己有能力的武器。我們常看到政治家們在選舉的時候，總是不時的向支持他們的人握手，這是我們常常看到的現象。而且，聽說他們跟一百多個人握手之後，手上的膚色就會變白。也就是說，對每一個人，他們都很用力的握手的意思。

由心理學的觀點來分析，當一個人被另一個人很用力的握手時，就會反射出同樣的動作，也就是也很強力的回握。這的確是握手的一種狀態，但是，這種狀態會演變成心連心的效果。這就是表示，似乎感覺到彼此有很深的連帶關係的意思。同時，被握住的人，一定會覺得對方有熱烈的慾望、充滿了活力的意志，以及自己被受壓制的深刻印象。

因此，強有力的握手，往往可以給人有強烈的印象。一般政治家在握手時，大部分都很強，這也是合乎心理學的做法。在另一方面，我們也爲了不輸給對方的「壓力」，就會更有力的握過去。只有這樣做，才能消除壓力的。

日本每日新聞社中的山崎宗次先生，每當和外國人見面時，尤其對身體很強壯的人，一定會用更有力的手來握住對方的，而解除對方給予我方的壓力。其實，能夠用力的握住對方的手，也就可以壓倒對方的目的。在第一次見面時，這種有力的握手，尤其可以當作強烈的武器。

57 坐在椅子上，只要淺淺的坐，是一種可以使人感到積極的姿勢。

假定你現在正很認眞的和對方說話時，如果對方是深深的坐在沙發上或椅子上，身體的上半部也倚靠在倚背時，你認爲自己會感覺如何？如果對方是你的上司，當然就無可厚非；但是，如果是同事或晚輩時，我相信你可能會說：「喂，你稍爲認眞聽我說，好不好？」而發牢騷吧！因爲深深的坐在椅子上或沙發上時，上身難免就會往後傾斜，容易給人有驕傲的印象。而且，甚至連上身都倚靠在椅背時，更會令人感到不快感。

相反的，坐在椅子上聽人家說話時，比較容易獲得好感的姿勢，就是淺淺的坐在椅子上。這種姿勢，就是讓臀部置放在椅子前面三分之一的地方，於是，自然而然的，身體就會向前傾，而使人感到正在認眞傾吐的姿態。而且，像這種坐姿，隨時都可以很快的站起來，是可以給對方積極又活潑的印象的。如果你想要表現自己的幹勁，這種自我表現方式，也是很需要身體力行。

以前，在日本，當本田技術硏究所的本田宗一郎先生，把公司內所有重要幹部的椅子全部換成一般職員的椅子後，曾經驚動了整個社會。事實上，這是爲了使重要幹部們，自己能夠積極的站在頂頭指揮的緣故。因爲，只要深深的坐在椅子上時，就不會產生活力的，這是不論是企業界的領導人士，或是社會一般的人都是一樣的。

58 聽話時，上身向前傾斜，對方就會覺得你很關心。

對自己比較關心的事，大家往往會向前傾聽；這是因爲想要更進一步的接近自己所關心的對

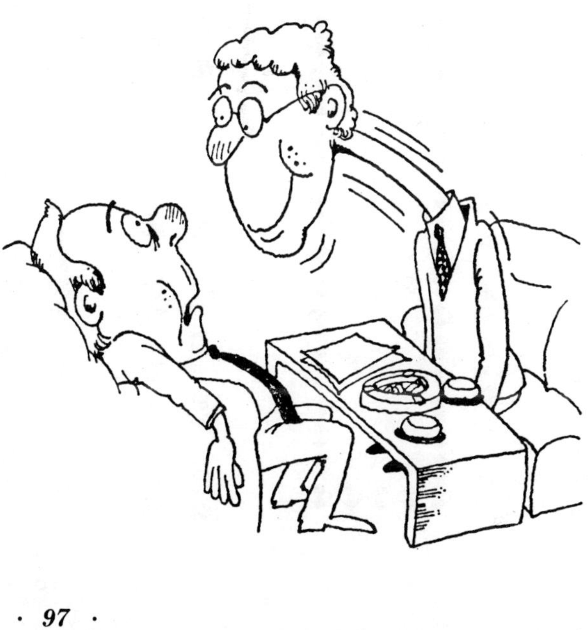

象的心理作用。這時候的狀態，的確是瞪著眼傾聽。我在演講的時候，也常常看到這樣的人。這時候，我都會覺得既然有人這麼認眞的聽著，我應該多說些；於是，我的語調也會變得更熱心，而滔滔不絕的希望講一些令他們滿意的事。

向前傾斜的姿勢，常會給人帶來熱心積極的印象，也會使人產生好感。因此，當你對上司講話時，雖然是站著聽，如果也能夠下意識的把身體向前微傾來聽，上司對你的評價，自然而然就會有所不同了。

59 為了表示認真聽對方的話，也可以做筆記。

我在演講時，常常會看到會場中有一～二個人，一邊聽一邊在做筆記，這時候，我對這些人，都會自然而然地產生某種好感來。

因爲，做筆記的這種行爲，不僅爲了留下記錄；同時，也爲了想要把對方所說的事，好好的記憶下來，是一種對對方積極關心的表現。

任何一個人都不會把沒有用的話，故意把它記錄下來的。也就是說，想要記錄時，就是很想把對方所說過的有意義的記錄下來，這具有積極的意味。換句話說，記錄本身就是，認爲對方的話值得記憶的表現態度。而不想記錄的人，往往會把對方的話，當作耳邊風，故容易給對方產生不快感。

如果能夠巧妙的使用這種心理，假使對方的話，你雖然不感興趣，但是，也可以表演出你的熱心度。不管是怎樣不重要的意見，如果是上司或長輩在講話時，有時候我們不得不耐著性子聽，在這種情形中，最好能做筆記。

同時，做筆記這種事情，必須要先了解對方的話，然後再把要點整理起來。因此，可以說是相當高級的智慧的作業。所以，也可以強調你做筆記的能力。

60　在對方的面前做筆記時，使用有色的筆來記錄，可以使對方對你有更強的信賴感。

每次我一看到有人一邊聽講，一邊在做筆記，我都會很好奇的過去看看他在寫什麼。當然，我會在不引起他的注意之下而偷看的。然而，如果那個人是準備了有顏色的原子筆，不時地變換顏色在書寫時，我就會對那個人有很好的印象，認爲他很熱心於工作，是一個值得信賴的人。

因爲，一面換顏色，一面做筆記，可以使我感覺到這個人很注意聽我的話。像這種只因爲能夠使用有色的原子筆，往往就會使別人對你的信賴感加倍的。

61 捲起襯衫的長袖子，就可以強調積極感。

我們時常可以在電視中看到有關古裝劇或各地方大拜拜的現場轉播。螢幕中則會有一些帶著頭巾或帶著彩帶的人物出現，這種姿態，就好像是要發揮全力起跑或準備動用全身力量的狀況；這就是人類的「原始活力」的形態。

相同的情況，也可以應用在服裝上。捲起袖子的姿態，看起來使人感到多麼的積極，這是因爲只讓別人看到自己的皮膚，就可以表現出想要發揮原始活力的積極姿勢。聽說年輕的女性，如果捲起袖子來工作時，就會對男性產生特別的魅力來。不過，捲起袖子所表現的積極感，及可以獲得好感的情形，並不是只限於女性。

62 寫出往右上翹的大字，可以使人有積極的印象。

聽說「文字是可以代表一個人的外表」，而且，書法家只看了字後，就可以知道寫的人的性格，以及當時的心理狀態。類似這種話，我也曾經從一個編輯的口中聽過。聽說某一時代著名的作家，當他很認眞時，寫出來的字就很大，而且好像在跳躍一般。

也許有些人聽到這些事後，會說：「文字，只不過是一種記號而已呀！」而覺得很可笑。然而，文字可以說是表現自我的一個方式，這絕不是虛言。

一般說來，擁有積極的性格，並自信生活充實的人，往往都會發出向右上蹺而字體很大的字。另外，帶有強力的筆壓的字，也大部分都可以表示出意志很強。這和前面所說的某個時代的作家的例子一樣，當精神高揚時，就會把字變成很大的傾向。

相反的，如果是向右下蹺的小字，就容易給人有懦弱的印象。會寫這種字體的人，本人也許並沒有特別的感覺，但是，總會在某些地方會吃虧的。當然，一個人已經寫慣了某種字體時，如果要他改變，似乎是一件很無理的事。不過，如果在文件或書信等，一些要向他人展示的物件上時，只要下意識地寫成右上蹺的大字。這對表示充滿了活力，以及積極性格的製造，會有很大幫助的。

從心理學的觀點來分析，像這種向上面方向擴大的姿態，是和一個人的積極感有關連的。

63 把名字寫的大大的，可以增加別人對自己的印象。

政治家的名片，都擁有一種獨特的型態，大部分都是在中央以很粗大的活字印刷出名字；而且，通常都沒有印上住址或電話號碼。他們的這種設計，也都是爲了使別人能夠對自己的名字增加印象，因此才特別費心。

政治家的這種苦心，其實是值得我們學習的。因爲一個人的名字，往往是和那個人有一心同體的功用。不僅是增加別人對自己的印象，同時，也必須發揮自我表現的功用。在寫信或是對公司內的報告書中，下面的署名常常會和許多人接觸，如果能儘量寫大一些，就可以增加別人的印象了。

我有一個朋友，他是一位小學教師，根據他的說法：「考試雖然考的不好，但是，把自己的名字寫的又大又有伸長力的孩子，因爲含有積極的現象，所以，將來一定會有所發展的。」

64 講話時，如能把「否定型」改為「肯定型」，就可以表現出積極的姿態。

也許自己並沒有發現這點，但是，有許多人在會話中，常常會過份的使用「不可能」或「做不到」、「不行」等否定型態的用語。

當有這樣的習慣時，本人不管有怎樣的才華，也會被人認爲是缺少幹勁的，而遭到不良的評價。因此，有關這一方面，大家應該注意比較好。因爲，經常說否定型的話，宛如對對方的積極感潑冷水似的，會使對方有不愉快的感受。所以，可能會導致不良的後果。

像這樣在自我表現方面太差勁的人，很容易就會吃虧的。自己即使很有幹勁，別人也不會有同感；因此，往往會連本來想要委託的事，也不敢託這種人辦理。

只要是犯有這類毛病的人，應該從平常的會話中改變起，不管什麼話都以肯定的型態來表示。例如，「我也許做的不太好」（不說我不想做）這句話，最好能改爲「也許會很困難，但是，我會盡力而爲。」

另外，對對方所說的創意或建議，全部都以肯定的方式來作答：「那很好」或「也許這樣可以進行的很順利」。不管怎樣的事，總會有不利的方面和有利的方面，我們必須要找出其有利點來做徹底的肯定。對這樣能夠肯定自我的人，任何人都不會有不良的印象的。

65 表示贊同時，如能稍加誇大的口氣，就可以表示認真。

善於聽人說話的人，都是很能贊同對方的說法。有時候，以認眞的表情說「是嗎？」來表示吃驚，或是以「眞的嗎？」這種肯定的語氣來發問。這時，講的人可能會受你的反應所影響，而熱心的繼續說下去。

有關這一點，內行的播音員在表示贊同的方式上，也是相當不錯的。他們甚至對已經知道的事，也還會假裝不太了解的表情，而來表示贊同。因此，雖然我知道對方在奉承，但是，却會造成滔滔不絕的效果來。

像這樣能夠向對方表示自己很認眞的在聽話，需要很大的訣竅。並不是隨便的把話插入就可以達到效果的。

當一個人眞的感到吃驚或高興時，一定會說：「喔！嚇死我了！」或「我好高興！」這樣的話；同時，也會露出相當程度的表情來。因此，如果你毫無表情，並只說「嚇死我」，對方一定不會感到滿意的，甚至會認爲你只是馬馬虎虎的應付著，而會對你產生不快感。

若想要把自己認眞聽話的態度表達給對方知道時，恐怕多多少少需要一些巧妙的演技。

如果對於改變表情感到困難時，你也可以只說：「是嗎？」並將上身稍爲往前傾斜些。像這樣的表示贊同方式，如果能夠以稍爲誇大一點的姿勢，就可以傳達自己在聽對方說話的認眞度。

66 以手勢配合講話，比較容易把自己的熱心傳達給對方。

過去我在美國時，曾經參觀過某一個大學所舉辦的討論會。當我看到學生們熱烈的參與討論時，心中感到十分的驚訝。任何一個學生要發言時，一定站立起來，並以誇大的表情或手勢來配合講話。如果是說出反對意見的學生，手勢揮舞的更厲害。然而，這是國內的學生所無法想像的情況。他們的表現，實在非常有魄力，如果我們能夠達到他們這種自我表現的積極程度，不知該有多好。老實說，我十分羡慕他們。

另外，希特勒在演講時，也一定會帶有很大的手勢。以德語獨特的語調，再配合表情和手勢，這就是迷住群衆的心理的一個重要原因。

如果說這是民族性的差異，當然是無可厚非了。但是，一般說來，國人在講話時，手勢都很少。然而，如果你想稍爲把自己的熱心傳達給對方時，最好下意識的動一動手，增加一些手勢才對。這樣一來，最起碼可以使聽的人很熱心的傾聽。當我們在講話時，如果把說話的內容，像在唸書一樣的說出來時，當然就不會令人感到有趣。因此，根據曾和日本的長島先生見過面的人說：他最喜歡連續發出「這個……」「那個」，似乎一點也不會感到厭倦。在講話時，遇到情緒熱烈的時候，手勢自然也跟著大起來；在不知不覺中，大家都會被他所說的話所吸引，而成爲長島迷。

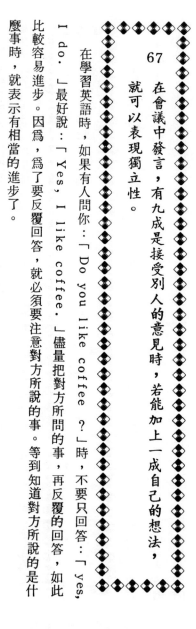

67 在會議中發言，有九成是接受別人的意見時，若能加上一成自己的想法，就可以表現獨立性。

在學習英語時，如果有人問你：「Do you like coffee ?」時，不要只回答：「yes, I do.」最好說：「Yes, I like coffee.」儘量把對方所問的事，再反覆的回答，如此比較容易進步。因爲，爲了要反覆回答，就必須要注意對方所說的事。等到知道對方所說的是什麼事時，就表示有相當的進步了。

在會議中，當自己不得不發表意見時，也可以應用這一種「反覆式的作答」方法。也就是說，在會議中，在不容易說出自己的意見時，儘量先說九成別人的意見，然後用一成來表達自己的意見。就像「我的意見和××先生所說的，大致上都是一樣，在這裏我再補充一點。」或者是「我贊成××先生的意見，只有一點點不同」等，把大部分的人所說過的意見全部表達出來，最後才補充自己本身的意見來。

只要這樣做，就會給人有說過積極意見的印象。

也許有些人認爲這樣並不能算是自己的意見，但是，一開始先反覆著這種意見發表的型態，你就會愈來愈習慣於發表意見。等到熟練之後，就可以完全發表自己的意見了，而不必再假藉他人的名義。

這種方式，並不只是模倣別人，也是積極的自我表現的一種訓練的型態。

68 想要增加和上司的親密感，對上司已經知道的事實，也要一一的報告。

一般說來，在國內，若想要和別人發生親密感時，大部分人都認爲和對方經常喝酒，就是最快的辦法。事實上，彼此開懷暢飲，對增加親密感的確有很大的效果。但是，上司和部下之間，要建立親密度時，不必只要藉著喝酒的方式，透過工作來增加也可以。

這種方式，就是經常向上司報告。報告是爲了使工作順利進行，在部下來說，是一項不可缺少的義務。因爲上司無法經常接觸部下的所有工作，所以，委託部下所做的工作進行情況，必須在接受部下的報告後，才能了解的。

報告的型態，是一種組織在其有機的活動上，所不可缺少的一環；同時，對報告者，也就是對部下來說，是一個和上司接觸的機會。如果報告的次數愈多，也許和上司的接觸次數也愈多。像這樣多次和對方接觸，對方也會對自己抱有親密感。

爲了增加接觸的次數，假如上司已經知道的事，也可以用「我想您也許已經知道了……」的這種方式來報告。報告有確認，被報告者和報告者之間上下關係的一種作用。因此，不論是那一種的報告，都是等於尊重上司的自尊的。而且，報告者的積極態度，也會有利的留在被報告者的記憶中。

69　假使上司邀請你，五次之中，若能拒絕一次，就表示你的「意志堅強」。

人的心理實在是很奇怪的；如果自己先說：「喂，我們一起去喝一杯好不好？」然而，如果對方每次都答應，並眞的和自己去喝酒，自己對他就不會有很好的印象；反而覺得「這個人好像缺乏自主性」或「這個人好像很閒」的這種想法來否決對方。

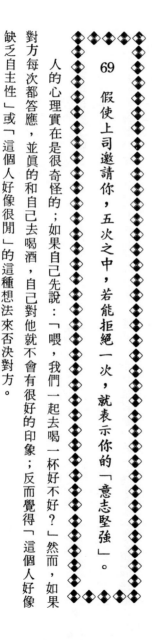

因此，如果你的上司找你去喝酒，在五次之中，必須下意識的拒絕一次，這樣就可以增強他對你的自主能力或意志堅強的印象，這是很好的增加印象的自我表現法。被你拒絕的上司，就會認爲你是一個不能隨意支配的男人，這並不會傷害到上司的心情。尤其當對方說：「今天晚上我請客」時，如能拒絕，效果更大。

70 在沒有固定座位的會議中，若坐在靠近上司的座位，就可以表現出自己的自信。

在大學中，一般的課程，聽講的學生很多。而學校並沒有固定座位，學生可以自由選擇。但是，很有趣的現象是，學生自己所坐的位置，好像有經過指定一樣，每一次都坐在同樣的位置。而且，有個特殊的現象，凡是成績愈優秀的學生，座位愈接近教授，因爲這樣可以淸楚的發表自

己的意見，成績愈不好的學生，則就愈希望自己的座位愈離開教授愈好。

這個原因很簡單，坐在前面的人，教授比較容易記住他，而且，被問到的機會也比較多。會選定這種座位的人，都是對回答問題有相當自信的學生。相反的，愈沒有自信的學生，由於覺得不好意思面對教授，就不敢接近。

像這種心理，並不只限於學生，甚至連一般薪水階級的職員也是一樣。假定是沒有固定座位的會議，那麼，對自己的意見沒有自信的人，或是個性愈消極的人，都會儘量選擇上司的眼睛不容易看到的位置。

其實，上司本來就很了解部下的這種心理的。因此，如果讓上司更加深對你自己的沒有自信或消極的印象，那當然就更吃虧了。所以，爲了傳達自己的自信，最好能夠坐在上司的附近。僅依賴座位的選擇的方式，就可以表示出自己的積極的一面。

71 在聯誼會中，若能擔任接待性的任務，就可以表示自己的積極。

在某種聯誼會中，如果擔任接待的任務時，的確是一件相當費心的事。然而，從另一個角度來看，也是一種表示自己的積極性的最佳機會。因爲，擔任這項任務時，必須和許多人連絡。因此，必須要和許多人接觸，並整理全體人員的意見。而且，如果你是當天的司儀，從某種意義來看，就不得不成爲會場的中心人物。所以，當然會受到衆人注目，也可以說是幕後的明星一樣。

像這種表現自我的好機會，如果你不敢接受時，你的積極性就會被懷疑。因此，當上司請你來擔任忘年會或其他各種聯誼會的接待職務時，最好不要怯場，應該積極的接受這項任務。

72 無謂的努力或意外的努力，傳達我方的熱心。

新聞記者的採訪方式，常常會選定晚上或晨間行動。新聞記者在追踪事件或政變……等消息時，經常都利用事件的關係者或政治家們，在做完工作回到家裏的深夜，或是剛剛起床的晨間去採訪。當然，大部分都會遭到像「無可奉告」這樣的拒絕。

這在我們外行人來看，可以說是等於白跑了。但是，他們所採取的這種表面上是白跑的採訪方式，是有他們的理由的。因爲他們把自己置身於從早晨到深夜的這種苛刻的狀況中，就可以引發對方感到「眞可憐」的心理負擔，最後終於會洩露出第一筆的資料。雖然如此，這是新聞記者爲了得到特快消息的慣用手法，而且，從很早以前就一直是這種情形了；這在接受採訪的對象，也是早就明白的。但是，雖然明明知道，也還是會上他們的當。這種方式，就是爲了對付心理上的某種奧妙。

我認識一位週刊雜誌的記者，據說他爲了得到某一個犯罪者的獨家新聞，連續三年寫信給那位在監獄中的犯人。在這種情形下，就像剛才所說的情況，犯人被他的熱心所感動。就在第四年出獄時，果然讓這位記者如願以償。

像這樣的做法，就是不只是爲了眼前的收穫，而是把表面上的白跑繼續的累積起來，就可以成爲將自己的熱心傳達給對方的強力武器。

73 「禮拜天，你要到什麼地方，我都可以陪你」可以使對方感覺到自己的熱心。

有時候，對方本來是打算拒絕的，却會重新接受。在我的記憶中，印象最深刻的工作，就是有一次我接到一個電話，對方對我說：「我很想和您見面，向您說明一切；時間由您選定，不論是禮拜天或是假日，都沒有關係……」。我聽到對方這樣說時，愈覺得如果不接受，則實在是不好意思。但是，我覺得若和他見面之後，就不得不接受對方所提出的要求了。

如果對方當時是說：「禮拜六和禮拜日，由於是休假，因此，除了這些時候以外，任何一天都可以，請接受我的訪問……」時，我就一定會拒絕他的。因爲，他這種以自己的方便爲優先的態度，會讓我有傲慢的印象；而且，這個人對工作的熱心或魄力，一點都不會傳達到我這兒。

74 走到和對方最近的距離去要求握手時，就可以傳達我方的氣魄。

很多的外交官會對自己比外國人矮而感到十分的苦惱。因爲，個子矮就容易受到壓迫感，並時常會處在不利的立場。所以，他們就想盡各種辦法來克服。

其中的一種方式是，某一個外交官，很重視和外國使節的最初見面，爲了不讓對方瞧不起自己，他就很快的走到和對方的最近距離，先主動要求握手。對方因爲突然感到自己身體的範圍受到侵害，而深深的體會到這一位外交官的氣魄。這種方式，在現在也可以應用在人與人見面的場合之中。

75 走到對方的地盤，就可以表示自己的熱心和誠意。

很多人都有「政府機關是很難進去的地方」的這種感覺。最近的市政府或區公所，雖然對職員的應對態度十分注意，但是，仍然脫不去驕傲的這種態度。其中的一個原因，可能因爲民衆不得不前去請他們辦事吧！

像約談的情況，原本就是屬下對在上位者的一種行爲。因此，對於被指定的人，往往會產生自己被看成是屬下的這種不快感。另外，「指定」的行爲，從精神或肉體方面來看，都是一種負擔。也許只是一些簡單的雜事；但是，往往是等於一天的工作，這也是不愉快的現象。由於這樣的不快感，才會演變成今日對政府機關的不滿。

和人見面時，如果對方說：「你能不能到我的公司來」時，有時候自己會很生氣；因爲，這是好像自己被叫出去一樣。相反的，如果對方是說：「我會去找你」時，你就不會感覺難受了。所以，不必麻煩自己出去，而只在自己的家或公司中的範圍內時，就不會花費太多的精神，也比較有安心感。

自己必須出去時，難免是要花費一些體力；但是，來往的多次走動，也就可以傳達我方的熱心或誠意。因爲大家都了解出外是一件相當費力的事，如果累積數次時，對方就不得不承認我方的熱心和誠意了。

76 想要增加別人對自己的自主力的印象，卽使對方是董事長，有時也應該反駁。

我的朋友是某一家公司的董事長，他曾經告訴我說：「每一次公司開會時，總是有一些人唱反調。那個傢伙相當能發表意見，前幾天，他還對所有的幹部公開的表示反對的意見。聽說這個傢伙，在許多年輕職員中，很得人緣。」

我覺得這是理所當然的現象。任何一個人都會不滿權勢的。這個職員，恰好就代表了年輕人們的不滿，而和公司理論。因此，難怪深得人緣。電視上的「時事評論」，會受到歡迎的原因，也是同樣的道理。只要聽到權勢者被毫無客氣的評擊時，聽衆當然會很高興的。

77 抱著很大的理想，並熱情的談論，會使人感到魅力。

人所表現出來的魅力有很多，其中的一個條件，就是一些秘藏著各種可能性的事。那麼，這種可能性，要怎樣讓對方看到呢？如果能談一個很大的夢想，也是一種方法。

例如，年輕的男性可以對女性說：「我將來打算住在國外，最希望住在西班牙。如果可能，我要在那裏買下一幢像小城堡的房屋」時，也許有人會認爲毫無意義。但是，能夠談論這種夢想的人，是很容易讓女性感受到有一股強烈的魅力存在的。

男人的夢想，就好似一部長篇小說，但是，或許也有可能會有實現的一天。關於「我一定要在我的生涯中，親自到絲路去看一看」的夢想，可以使人對未來充滿前進的活力。

擁有很大的目標時，可以使那個人看起來更大；而且，使人不得不感覺到那種充滿前進的活力。女性會覺得如果自己和那個人在一起時，自己的夢想也可以實現。一個愈能熱情的說夢想的男人，女性也會有愈想協助這個男人來實現夢想的想法。

原本就是夢想，因此實現的可能性雖然等於零，也沒有關係。只要能夠熱烈的說出夢想，而使對方也想要和你共享這個夢想，這才是最重要的效果。

78

認真時，就要認真；可笑時，就哈哈大笑；這樣才能增加別人對自己有感性的印象。

最近雖然已經很少見，但是，以前在採訪摔角選手時，的確有很多無聊的事。因爲，有很多的選手們，不論是獲勝或失敗，都沒有任何的表情變化，不知道他們究竟是高興或不甘願，完全無法知道他們的心情。

像上司的表情，似乎經常都呈現出宛如面具一般的表情，這在心理學上稱爲「死相症狀」。這種症狀的產生，對於身處於上下關係很嚴格的階層社會的人比較常見；至於壓力比較大的企業中的員工等，也時常可見。

當然，雖然他們這些人沒有表情，也不能因此就說他們是沒有感情或性情冷酷；其實，他們反而比普通人更有纖細的感覺，因此過著更豐富的精神生活的例子也不少。

雖然如此，但是，無論內部有怎樣豐富的感受力，如果不能表現出來時，任何人都無法感覺到你的感情的。不論你是具有如何敏感的感受力，在大衆正在感動的局面中，如果你一直呆呆的毫無表情時，即使被別人認爲「這個人眞是遲鈍」，也是莫可奈何的事。

愈積極的把感情表現出來，愈可以使那個人的感受力看起來更豐富，感受力很強的人，看起來也更具魅力的。

因此，高興的時候，應該儘量開懷大笑，認眞的時候，應該保持認眞的心情；把自己的表情，更豐富的表現出來時，也是表示一種積極的自我表現法。

79 手上拿著麥克風演講時，比較能巧妙的表現自我。

由於職業的關係，我常常被邀請去演講。也許是次數多的緣故，最近我對麥克風的使用方法，已經相當的習慣。事後，當我看到當時的錄影時，也頗感到安慰。不過，我並不是在炫耀。而是因爲麥克風是帶給別人好印象的一種利器。

相信大家在結婚典禮的演講或在許多會議的場合中，也有很多使用麥克風的機會吧，在這時候，最後不要讓麥克風固定的放在你的面前，應該儘量用手去拿比較好。

使用麥克風講話時，嘴巴和麥克風的距離，應該經常保持著一定的距離。這樣一來，聽的人也容易聽到。然而，不常使用麥克風的人，在講話時，常常會轉身到別的地方，或是走到接近黑板的地方，而因此脫離麥克風的範圍。所以，就不得不大聲講話。在這種情形下，不但無法給人有好印象，反而會令人感覺說話的聲音很難聽。

如果能夠用手拿著麥克風講話時，不僅可以接近聽衆，和聽衆保持一份親近感；另外也可以走到黑板去寫字。這時候，聽衆也會對你的字表示關心，有時甚至會發現「啊！這個人的字，怎麼寫的這麼難看！」心情因而會輕鬆下來。會議的時間如果長達一小時半或二個小時，就是一項很有效的自我表現。

第三章　提高自己的信賴度的自我表現術

——可以表達出成熟或可靠性

本章的序

以前我曾經在一本雜誌中讀到一篇文章，內容是如何使女職員能夠擁有自己的咖啡店或鮮花店，而對成立「自己的店」的方法加以介紹。其中，也談到為了將來的資金，而想在銀行存款時，最好每個月都固定一天，把一定的錢存入。聽說，這樣一來，將來成立店舖時，如果要向銀行借款時，會有很大的幫助。

畢竟，一個沒有社會的地位，或資產很微薄的女職員，如果有一天突然到銀行中，想要辦理借貸時，銀行恐怕會置之不理的。因為，這個女職員在銀行的信用，等於是零，難怪會碰壁。

因此，如果每個月你都能在固定的日子存入一定的金額時，你的存款簿就會幫你製造力量來。假定每個月只存入三千元或四千元，但是，這種「實績」就可以和信用貫聯起來。然而，如果你的存款很多，但是，有時雖然存入一萬元，有時却全部領光，這樣變動很大時，你所給予銀行的信用度也會降低的。

所謂的信用，不只是限於向銀行借款時；因為，一個人是不是有可信度，都可以構成人際關係的基礎；畢竟，大家都不願意和一個沒有信用的人親近，甚至也不願意將工作委託他。何況，一個沒有信用的人，也不會給人有好的印象。

提到想要讓別人增加對自己的信賴感的自我表現法，將舉例說明，不過，這個例子也許並不恰當。我認為最精通自我表現法的，恐怕是詐欺犯。詐欺犯往往會在自己的服裝上下功夫；當他們想要和自己所選定的對象見面時，經常都會選擇很整齊的服裝。另外，對於約會的地點，也會選擇在一流大飯店的會客室中。在向他人借錢時，甚至是一些小數目，也一定會如期歸還。這些都是詐欺犯的慣用手段。然而，雖然我們明明知道詐欺犯常常都會使用這些手法，但是，往往有很多人仍落入他們的圈套中。

詐欺犯這種欺騙別人的手段，這是觸犯了法律的行為；但是，為了獲得對方的信賴，而做出的各種自我表現的方法，以建立良好的人際關係，這是剛才已經說過的。因此，我們對於他們這種為了獲得好處，而活用的一些有利的技巧，應該要學習下來才是。

即使在社會上一點都沒有信用的女職員，只要能夠稍為在存款上下功夫，就可以得到很有利的信用。能夠建立別人對你的信賴時，也會對你的人生有很大的改變的。因此，在本章中，我要和大家談一談，如何把自己的誠實，以及信賴度等，表現出來的方法。

80 要使自己看起來很正直，最好能在對方面前把自己的缺點暴露出一小部分。

在百貨公司所拍賣的「有一些小毛病」的貨品時，往往會造成大搶購的盛況。聽說甚至比其他各種型態的大拍賣的成績還要好。那麼，爲什麼人們會對「有一些小毛病」的貨品感到這麼大的興趣呢！我想這個原因應該是因爲賣的人已經把其中的缺點公開表示的緣故。

畢竟，一般大家對缺點總是想盡辦法來隱瞞，因此，既然能夠公開的表明，大家對賣方的正直與誠實，就會很直接而放心的承受。這是每個都會產生的心理。所以，由於這種正直和誠實的手法，才會使顧客對商品本身的信賴度沒有懷疑，甚至成爲魅力的焦點。

這種把小毛病標明出來，以製造正直的印象的方法，在推銷自己的方面，也是一種很有效的做法。然而，並不是爲了正直，就把自己所有的缺點全部都表現出來。如果這樣做時，反而會被認爲你是一個毛病相當多的人，如此就無法獲得信用了。

打算暴露自己的缺點時，頂多只需要表現出其中的一～二項就可以了。只把這位微小的缺點表現出來，而使對方看到時，看到的人就會把你的這一～二項的缺點，總括在其他好的方面，而在心理上接受起來的。因此，別人就會產生你在其他方面都沒有缺點的錯覺來，而認爲「雖然有一點小缺點，但是大體上是一個好人」這樣的印象。

81 自己不知道的事，若坦白的說不知道，較可以獲得好感。

下面的事，是我在美國加利福尼亞大學時，親耳聽到一位著名的教授所回答的答案。當時正在做老鼠的實驗，突然有一個學生問：「在這個實驗裏，如果稍爲改變這些條件時，結果是什麼樣的情形？」我和其他學生在心中都抱著這位教授可能會回答一些資料的期待，可是，沒想到這位教授却面不改色的回答說：「這個我就不知道了。」

包括我在內，所有的教授，會坦白對學生的問題回答「不知道」的人，恐怕是沒有的。至少也會說：「可能會產生這樣的結果吧！……」而馬馬虎虎的應付過去。

任何人都有不想讓對方看到自己的弱點的心理，因此，往往會不承認「不知道」。而且，即使眞正不知道，也假裝知道。所以，有時能夠明白的向對方表示不知道時，也是使自己令人看起來更有魄力的自我表現法。

因爲，這種表現，可以增加自己的坦率的印象；而且，既然能夠勇敢的說出「不知道」，也可以證明自己對其他方面的事，也很有自信的意思。

事實上，我對那位教授，也因爲他的坦率，而特別的對他有好感。因此，對他在上課中所講解的內容，也感到特別的可信賴。

82 話講得慢，比較容易給人誠實的印象。

一般說來，優秀的推銷員，幾乎每個人的說話都顯得比較木訥；在這裏並不是說善辯的人，就不適合當推銷員。然而，並不是滔滔不絕的講話，就算是一位能幹的推銷員。因爲，如果只是把「這個商品是最優良的」的宣傳語，滔滔不絕的向顧客推銷時，顧客很容易就會懷疑你的商品，而有所警戒的。但是，講話比較木訥的人，總是慢慢的敍述著，因而帶給人誠實的印象，如此就可以引起顧客傾聽。

當然，如果想要使顧客產生購買慾時，就必須要運用各種技巧。不過，在一開始時，如果能先爭取到對方對你的信賴，才是最重要的關鍵所在。

這並不只限於推銷世界中，在一般的人際關係上，也是同樣的情形。尤其想要說服別人時，卻以很快速的口氣來遊說，是不容易獲得效果的。也許有些人認爲，用這種快速的說明方式，就不會佔據對方太多的時間，而想要在短時間中傳達更多的資料；但是，資料並不只是量的問題，必須要看傳達的人是否給對方有可信賴感，然後這份資料才會變成可信賴的。如果滔滔不絕且很輕浮地敍述，資料也會被視爲不可相信，這是人們心理的常態。

所以，如果想要把自己的誠意傳達給對方時，應該注意說話要緩慢些。尤其是口述時，平常講話速度很快的人，應該下意識的修正。否則，容易被視爲輕浮的人。

83 信心十足的理論，若以愈小聲的口氣來說，聽起來就不會有強迫感。

很會講一些使人由衷感動的話的人，很少是以很大的聲音來講述的，大多是以輕聲而諄諄誘導的方式來說明。其實，人的心理是很奇怪的，到底贊不贊同說話的人，並不是根據所說的內容，大部分都是被說話人的態度或者是說話人的表情所左右的。

假使對方是在發表政論，而却大聲的喊叫時，聽的人就會感覺到有一種被強迫或傲慢的態度，而會反駁說：「這一點我當然知道」。還有，當我們在責罵小孩子時，如果以很大聲的語氣時，孩子在心理上就會產生反抗，而以很大的哭聲來抵擋。這個道理也是一樣的。

84 對沒有自信的事，若能使用斷定型，對方就會立刻相信自己的說法。

坊間的相命書籍，絕大部分都是寫一些可以適用各種解釋的曖昧不明的說法。但是，他們在最後的部分，都是使用斷定的語氣。舉例來說，他們不會說「你可能會變成這樣」，而會說像「你會變成這樣」這種一口咬定的說法。可能所有作者都了解斷定型在心理上的作用，因此，每一本的相命書都是完全使用這種語氣。事實上，這樣的說法，的確也比較容易使對方相信的。

這種暗示的效果，在催眠誘導的技術上，也被使用過。例如，要對一個人進行催眠時，都會使用斷定型的語尾，而指示對方行動的。就像「你的手會舉起來」、「一定會舉起來」、「手會舉到頭上，無法放下來」一樣，不讓你有選擇的機會，而一直誘導你做動作，這樣才會產生出效果的。如果是說：「你的手也許可以舉起來」時，那麼就不會有你所預期的結果了。

以前的松下電器公司，當他們正在急促發展的階段中，董事長松下幸之助先生就把營業額定在公司內外都不敢想像的高度。然而，最後却眞的達到預期的目標。這個秘訣是在於他說話的技術。他經常說出像「營業額一定可以提高到××地步」這類的肯定語。甚至對融資的銀行，也滿懷的信心說出：「松下電器一定會發展起來的。」因此，由於他的自信，才獲得了好感。所以，他在銀行的融資，也一直很順利。松下幸之助先生，能夠成爲「教祖」，是因爲他有這種自我表現的背景。

而且，能夠使用斷定型，也可以增加自己的信心，達到表現自我的良好效果。

85 要讓別人等時，比預定的時間多說十分鐘，就容易得到對方對你的信賴感。

下面是關於某一對情侶約定見面的時間的例子。他們本來是約好在下午六點見面，但是男方因爲工作忙碌，可能會晚一點到。後來，他就事先打了一通電話到女方的公司，對她說：「對不起，我可能會晚到十分鐘，請妳等一下，好不好？」然而，實際上，他却遲到二十分鐘。因此，女方相當的不愉快。當天的約會，就在不愉快的氣氛下結束了。其實，男方可能已經事先預測自己會遲二十分鐘左右，但是却不敢確定，也不想刺激女方的心情，所以才會只說：「請你等我十分鐘……」。

像這樣的心理，我們都可以了解。不只限於私人約會，甚至是業務上的約會，一旦事先預測會讓對方等待的時候，必然先打電話通知。而且，在這種情形下，往往都容易說出比較短的被等待的時間。但是，這種做法反而容易產生反效果來的。

剛才所舉的情侶相約的例子，本來「遲到」就已經造成不利的印象；又加上到達的時間，又比自己更改的時間晚時，當然就更增加自己的不利了。如果是業務上的約會時，可能已經喪失了信用了。因此，在這種情形下，最好把遲到的時間，比實際到達的時間多加上十分鐘來告訴對方。這樣一來，結果實到的時間會比所說的時間早到，對方的心情就會愉快起來，而同時也對你不會留下太惡劣的印象。也就是說，因爲違反了期待感，而獲得信賴感。

86 重視和工作相關的事情，別人就會認為你對工作很忠實。

這要追溯到西元一九五二年時，日本的本田技術研究所的總工程師本田宗一郎先生，由於發明小型引擎，而獲得表揚。在皇宮中的表揚典禮，他要求能夠穿著工作服參加，結果這個提案並沒有獲准。但是，由這件事情來看，我想對本田先生的敬業精神，感到十分佩服的人，應該是不只有我一個人吧！也就是說，由於他很重視工作，對他所從事的工作感到十分的榮耀，因此才會想到要穿著工作服，以替代正式的服裝來接受表揚。

不只是本田先生重視自己的工作服；以前的工匠們，愈是老練者，愈重視自己的工具。如果是木匠，他們在每一次的作業完畢後，總是會把每一種工具都擦得很雪亮，才肯放心的收進工具箱中。

最近的社會風氣，由於物質太豐盛的緣故，大家對工具的重視程度，已經大不如前了。但是，從另一個角度來看，如果能夠重視和工作相關的工具，就會把這種優點更顯著表現出來了。

屬於薪水階層的人，是和工匠不一樣，因爲並沒有使用特別的工具。不過，像筆記用具，各式皮包，文件或桌上的東西等，如果都不能好好的整理，就會帶給別人不好的印象。把使用過的文具整理的很整齊時，會使人感到爽快感。對和自己的工作相關的工具，如果能夠重視時，就像是一位技術很高的工匠一樣，會使人有信賴感。

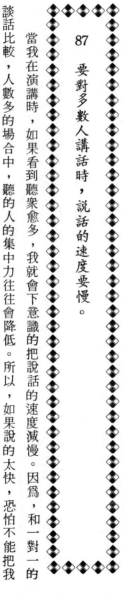

87 要對多數人講話時，說話的速度要慢。

當我在演講時，如果看到聽衆愈多，我就會下意識的把說話的速度減慢。因爲，和一對一的談話比較，人數多的場合中，聽的人的集中力往往會降低。所以，如果說的太快，恐怕不能把我的意思傳達出來。

在群體之中，當然也有一些理解力很快的人存在；但是，也有一些理解力比較慢的人。如果一直依照自己的節奏進行演說時，一定會有人無法聽清楚的。尤其在聽衆年齡差距很大的時候，假使不把說話的速度減慢，可能在場的人會有不明白你在說些什麼的感覺。

這雖然只是一個細節問題，但是，如果能事先考慮到這方面，就可以把說話人的誠意傳達給聽衆。

88 打電話時，若先了解對方的情況，就能引起對方聽電話的心情。

常常有人說：「電話就是一種暴力」。的確如此，因為不管在開會中，或是正在和重要的顧客講話時，電話總是毫不考慮對方的情況，毫不客氣的打進來。像這種如果剛好碰上對方不願意

接電話的情況時，而自己又只顧著講出自己的要點，那麼，很可能很難以讓對方接受的。

想要使對方注意聽自己的話時，首先必須要讓對方有想聽的心理準備，這是最基本的原則。也是自我表現的一個重點。因此，想要了解對方是否有心理準備時，最有效的方法，就是先問對方：「我現在想和你聊一聊，不知你是否方便？」

這樣一來，由於你能夠主動的先詢問對方的情況，對方就會對你這種尊重的態度留下很好的印象，也才會有準備聽話的心理準備。即使對方說：「只能講五分鐘」時，萬一你佔用了十～十五分，對方也不太感到很不愉快的。因爲，對方認爲既然已經允許你講話，主宰權自然應該落在你手上了，由於有這種意識存在，所以，雖然多講了一點話，也不會令人感到苦惱的。

另外，即使對方當時沒有時間聽電話時，只要聽到這種問話時，一定會告訴我們在什麼時間比較方便的。

89 想要表示自己的誠意時，應該提早十分鐘到約定的地方。

和別人約好要見面時，遵守旣定的時間，本來就是每一個人都應該懂的基本常識。而且，如果是由自己提出來時，更應該比所約定的時間提早到才是。每一次我和別人約定時，如果是我提出的，我一定都會遵守這項原則，至少都會提早十分鐘前往等待對方的。

因爲，不遲到就是爲了向對方表示誠懇的一種自我表現方式之一。我會特別強調這種應該注意的事的理由，也是認爲誠實或信賴感等，都是從這種平常的「遵守約定」的行爲中所產生出來的。

尤其是在自己先提出的情形下，最重要的就是必須先去等待對方。如果依照既定的時間，却是對方先到那裏等你時，要傳達誠懇就會弄巧成拙了。

如果是要和重要的顧客見面時，心情難免會過度緊張，態度也容易變成僵硬。因爲，前往第一次初到的場所時，一般人的心情，應該是不會太輕鬆自如的。萬一造成過度的緊張感，想要發揮自己的能力等的自我表現上，就很容易受到阻礙。因此，在這種情形下，如果能比對方早一點到達現場，就可以先熟悉當地的氣氛；等到和對方見面時，一定可以以寬裕的心情來對待的。

90 凡是向別人借錢時，不論多寡都應該還清，才能夠增加信賴感。

詐欺犯通常使用的手段，大概都像下面所講的情形。他們起先都只借一百元或二百元，然後在約定歸還之日以前如數還清。一次又一次，等到建立了信用之後，再慢慢的增加借貸的金額，最後則是借出鉅額的金錢，而逃得無影無踪。從古到今，遭遇到詐欺犯這種騙局的人實在很多。這是在對小錢借貸不注重的人，比較容易遭受這種情形。因爲，詐欺犯就是利用這種心理來行騙的。

「在這個時代裏，是不應該爲一百元或二百元斤斤計較，如果對方不還我，就看破了吧！」有這種對別人的還款不抱著期待心理的人，不是給對方一個恩情就了結，要不然就是很相信借款的人。由於金額很小，反而有效的使詐欺犯養成一種習慣。

詐欺犯所使用的這種取得對方的信用或信賴感的技倆，實在是很有效的，的確值得注意。所以，若你向對方借一塊錢或二塊錢這種小錢來打電話時，也應該早一點還給對方。因爲這種行爲，可以使別人增加對你的成熟的印象，甚至會對你產生信賴感的。

這並不只限於在金錢上，平常很微小的約定或寒暄等，也是同樣的道理。像這類瑣碎的事，如果你能夠確實做到，別人也會對你生活的規律產生好印象，最後也會得到周圍的人的信賴的。

91 還錢時，如果能自備零錢，就能使別人認為你的金錢觀念很正確。

例如，別人先替你代墊午餐費用七十五元時，有些人在還的時候，往往會拿出一百元讓對方找錢。然而，這雖然只是一個小問題，但是，這樣的做法，往往會給對方帶來不快感的。對收回錢的人來說，雖然知道這是正當的；但是，却因爲需要用自己的口袋再拿出零錢來找，總會覺得自己是吃虧了。另外，也會感覺十分的痲煩。所以，有時會對對方不考慮別人的方便，感到非常的氣惱。因此，還錢時，如果能夠事先準備好零錢，就可以表現你的誠實度，這是使對方對你感到對金錢很有觀念的最好手段。

92 對自己不利的事，若直接說出重點，比較可以讓對方認為自己很有責任感。

要向別人道歉時，往往是很不容易直接點出本題的。就像是考試得不到好分數的小朋友，總是會不敢直接回家，而先到別處轉一轉。因爲，在這種情形下，每一個人都會先提出和本題沒有直接關係的話題，總是在自然的心理下，把本題留待後面再說。

但是，如果你眞的必須向別人道歉時，最好一開始就導入正題比較好。就像以「老實說，今天我來是爲了某種事情向您致歉的……」這種開門見山的方式直接進入本題。

在這種情形中，別人看到你這樣乾脆時，大部分的人都不會想要繼續攻擊你。因爲，對自己不利的事，你却能夠以坦白的態度來承認的做法，會使對方強烈的感受到你的誠實度。事實上，這的確比吞吞吐吐，一直不敢說出的態度，更能產生好的結果的。

如果你是先說了一大堆的閒話，浪費了一大半的時間後，最後才向對方道歉時，會使對方認爲你是在「逃避責任」，反而會產生不良的後果。發生錯誤後，會嘮嘮叨叨辯解的人，大部分都是想要逃避責任的。因此，別人對他的印象，一定是不好的。和這個道理一樣，結果對方會認爲「這個傢伙好像不認錯的樣子」。然而，對自己不利的事，能夠坦白承認的人，會使對方有強烈的責任感的印象。所以，對方就會認爲「他雖然這次犯了錯誤，但是，我想下一回仍然可以委託他辦事」，因而對你產生信賴。只要看你是如何的道歉，有時甚至可以把失敗變爲成功。

93 犯了錯誤時，與其辯解不如改正錯誤，較可以強調自己的誠意。

某一家公司的會議中，在分配給與會人員的拷貝資料中，發現其中有一部分並沒有印上。這是屬於擔任複印的一位新進的女職員的錯誤。雖然對開會本身並沒有發生任何的阻礙，但是，後來那位女職員還是受到上司指責。

當時，那位女職員先表示由衷的道歉後，就說「請您讓我再看一次那份資料」，她的意思就是想要再複印一次，再把完整的資料分配給與會者的。

聽到女職員所說的話後，這位上司才重新衡量這位女職員。因爲，上司對她想要再修正錯誤的態度，感受到強烈的責任感與誠意。當然，她並不是故意做這種表現的，但是，結果却獲得上司的另眼相待，實在可以說是一種巧妙的自我表現法。

以前有一位編輯曾經弄丟了我的一份原稿。那時候，那位編輯跑到我這兒，向我道歉說：「眞對不起！然而，我再怎樣道歉，恐怕也無法彌補我的錯誤。如果有什麼事，請您再讓我來做。」當然，我也無法要他寫出一份原稿來，其實，也沒有可以利用他的地方。但是，我聽到他說的話後，也不好意思再生氣。他這種道歉的態度，的確使人無法再責備下去。

94 自己有差錯時，如果能表現出超過對方期待以內的道歉時，對方會對你的誠意產生好感。

有一家有良心的出版社，他們在自己所出版的某一位作家的全集中，發現其中的一本有一個漏印的地方。這時候，這家出版社爲了重新修正，於是要求凡是購買這部全集的人，能夠主動的來換新書。由於這樣，就更提高了這家出版社有良心的名氣。

像字典這種書，也難免會有印錯的地方，更何況在各類書籍中，或多或少都會發生錯誤的，這乃是出版界的常態。因此，大部分的出版界，對自己印錯的地方，總是會在書後附上訂正表。然而，像這家出版社，只因爲一部分的錯誤，就想要重新印書。他們的這種做法，可以說是超越了一般人的「期待」的補償方式。所以，本來會帶給別人有不信任感的錯誤，如果能夠像這樣隆重的表示歉意時，反而會使對方對犯錯的人的誠意有好感的。

任何人在因爲對方的錯誤而使自己受到損失時，都會按照損失的程度，而「期待」對方做某種程度的補償。因此，如果別人期待你做五倍的補償時，你如果能夠補償十倍，就會使別人感到意外，並會使別人對你的誠意產生好感的。相反的，如果別人的「期待值」有五倍時，但是，你却只補償了二或三倍而已；那麼，別人很可能就會對你產生不信任或憤怒，這在人們的心理上，是一種很自然的反應。所以，當自己有差錯時，你的道歉方式，會大大的改變對方對你的印象。因此，道歉的方式，可以說是增加自己誠意的最好的自我表現法。

95 當部下犯小錯時責罵，犯大錯時裝成若無其事，就可提高部下的忠誠度。

日本的松下幸之助先生被稱爲是「經營的聖手」，尤其他很善於用人，這是獲得一致好評的。前任的日本三洋電機的副董事長後藤清一先生還在松下先生的麾下擔任廠長時，工廠曾經因爲發生火災而焚燬。事後，後藤先生當然已經有所覺悟，自己不是被免職就是被降級的後果；但是，松下先生在聽到他報告後，却只說：「沒關係，希望你能繼續努力」而已。

然而，這並不表示松下先生對部下一向都很寬大。因爲，後藤先生有時只因打電話的方法不對，就被松下先生嚴厲的責罵。這種做法，大概就是松下先生善於任用人的訣竅所在吧！

自從發生火災之後，後藤先生對松下先生的忠心就愈高昂了，這是不難想像的吧！

松下先生的這種罵小錯而不罵大錯的做法，可以說是很巧妙的抓住人的心理。事實上，對於小的錯誤，犯錯的本人的確都不容易發現，因此，上司應該嚴厲的糾正他。相反的，如果是大的錯誤，犯錯的本人早就在反省自己了，因此就不需要再責罵。犯了錯而已經感到十分氣餒的時候，如果再加上司再來強烈的責罵或譏諷，就容易造成對方無法重新建立自己的後果。不但會使他喪失幹勁，也會留下雙方感情的一個糾結，在基本的人際關係上，產生一道不可磨滅的裂痕。

平常會嘮嘮叨叨的上司，如果對大錯誤不會責罵時，部下會對上司產生「體貼」的印象，並且也會從此增加對上司的忠誠度的。

96 使對方感到不快感的事，若能預先說明，對方的不快感就會轉為好感。

日本作家吉行淳之介先生，是一個善於面談的名人。當他和第一次見面的人面談時，一定會事先向對方說明：「這次談話，大約一小時就可以結束。」

我覺得這種說法很有趣，因爲在談話時，有一些不習慣的外行人，由於不知道對方到底會問什麼樣的問題，常常會顯得侷促不安。在這種情形下，若不向對方說：「讓我們輕輕鬆鬆的聊一聊吧！」並淸楚地表明：「我們大概需要談一小時」時，對方的心情或許就會穩定下來了。

我們在日常中的會話，也是同樣的道理。第一句話所給予對方的印象，有時候常常會有很大的變化。尤其是可能會使對方感到不快感時，若一開始能夠先提示一下，就會帶給對方好感。例如，當你要對上司表示相反的意見時，只要能夠先說：「我的這個想法可能很幼稚，……」或是「讓我來表示一點小意見……」這樣，就不會刺傷到對方的情緒。而且，縱使實際上眞的「很幼稚」，也能夠巧妙地掩飾言語中令人不快的缺點。

「對於這種問題，我想你或許也知道我是一個外行人，……」若能這樣表示時，就可以表明自己並不是普通人。由於有這樣的前提，就可以預防對方會對我們產生傲慢的印象。說起來眞奇怪，如果把這些前提留在最後才說時，有的人就會產生反抗的心理；但是，只要一開始就先表明，對方總是會寬大爲懷的。同時，對於這種做法，會使對方產生「這個人眞了解人的心理」或是「這個人眞懂得人情」的好印象來。

97 若能先發制人地說：「像我這種人……」時，就可以解除對方的不信任態度

在某一個座談會中，有一個家庭主婦和許多學者或評論家在一起發表意見。她一開始就先說：「像我這樣的家庭主婦，雖然不能像大家一樣，發表出很好的意見……」結果，她發表的意見實在是很有意義。老實說，起先我也不知道她打算說些什麼，只是覺得很懷疑；但是，到了後來，却不得不傾聽她的言論。

這可能是因爲這位家庭主婦先說：「像我這樣的家庭主婦……」的前提，而得到的效果吧！因爲，不滿、不信、憤怒等等否定的情緒，一般人大部分都會有。

但是，像這樣能夠先承認自己所說的話，很可能會得到不信、不滿，甚至會引起大家發怒，像此等把事先講明的人，反而會令聽者不得不把不信、不滿，以及憤怒解消。

因此，對方如果抱有不滿、不信時，應該保取這種先發制人的方式來解除。

98 想要反駁的對象正在生氣時，最好暫緩一段時間再說。

我們來舉一個有關電話費的問題。消費者和電信局之間，似乎經常會發生問題。以前電信局為了早一點解決消費者的訴苦，就以當場調查的數字來回答。但是，不諒解的人還是很多。因此，現在都採取先向消費者道歉，經過一段時間後，再做說明：「我們會在做過充分的調查後，再向您報告」。像這種隔了一段時間再回答的型態，似乎會收到很大的效果。

這是為什麼呢？因為對方正在生氣時，也就是情緒上很不愉快時，是沒有接受解說的耐性的。為了製造心理上接受說明的狀態，最好是等待一段時間，也就是在對方息怒之後才會有效。

我把這種間隔一段時間的方式稱為「時間差攻擊」。我認為這是在說服別人時不可缺少的武器之一。等待別人息怒的這種原則，從心理學上的分析看來，的確有其效果。

想要對正在生氣的人進行反駁，也就是想要說服對方時，即使是義正詞嚴的說出，卻在對方說話中插入時，也很容易就會引起反感。如果對方還沒有心理準備時，你的言論愈激烈，所造成的反感就愈大，反而產生反效果。例如運輸公司在處理車禍時，也都是先採取「先去慰問」的原則，不論情況對公司如何的有利，交涉的行為，也應選在對方的「痛苦消失後」再來進行。

99 想要反駁時，若在接受了對方的意見後再說出來，較不會造成對方的反感。

如果想要說服對方，不管對方的意見怎樣的無法接受，也必須要以「先傾聽對方」爲原則。同時，在反駁對方時，也應該先說一句：「你說的不錯，……」這樣先表示接受了對方的意見，然後再說：「可是……」，而接著說出自己的意見。

這樣一來，對方就會以爲你很注意他的話，因而才會想到要聽你的反駁。在這時候，對方對你已經產生了一種信賴感。所以，在不知不覺的情況中，對方就會被帶到你的意向中。

若你一點都不聽對方的意見，而直接的反駁時，情況會變成怎樣呢？我想，這一定會引起對方在情緒上的抵抗的。這樣一來，對方絕不可能接受你的任何意見的。這可以說是一種很不理想的自我表現法。

這種先傾聽對方的意見，然後再來反駁的說服方式叫做「是的，可是」法。然而，我認爲這對獨裁的上司，應該是特別有效的應付方法。如果部下先說一聲：「部長，您說的很對！」，以這種先表示贊成的態度，然後再敍述自己的意見時，部長也不會認爲你帶有反抗性的。

不過，對於這種方式，只光用嘴巴說是不太有用的，反而會變成相反的效果。因爲，你只有在嘴巴上承認部長的意見，但是，表情却是一副很不服氣的樣子時，很容易被對方看清你的本意。因此，應該在內部也建立起接受別人意見的寬容態度才好。

100 對方所提出來的問題，如果能反覆的驗證，就可以表示我方認真的態度。

我有一位朋友，大家都說他很喜歡演講；但是，最好事後接受別人的問題。事實上，有些問題的確是無法當場一一作答的；或是有的人會提出一些和演講內容完全不相干的問題，因此，往往很難作答。然而，關於這一點，某一個評論家，却能夠很巧妙的控制發問的時間。

他的做法是，每當接受到一個問題後，都一定會先說一句：「你的問題是不是這樣……」，然後把對方的問題反覆再說一遍。因此，在這段時間中，他就在考慮怎樣來回答。這種反覆法，也可以同時使發問的人或聽衆認爲「這是一位認眞聽話的好講師」。因爲反覆法，是一種可以證明認眞聽到對方所說的事的方式。並且，由於能夠表示「這是我知道的……」的熱心態度，就可以確認對方到底是問那一類的問題。

這種反覆法，尤其在就業的口試時，是一種爲了表現自己的認眞的最佳自我表現法。當考試官問你後，如果你一直保持沈默，或者是在匆忙間却回答出文不對題的答案時，當然就會被扣分的。然而，能不能回答問題，是另外一回事；只要你能夠反覆對方的問題，就可以把自己想要認眞的回答的誠懇態度，充分的傳達給對方。

101 反駁時，若能夠採取請教的方式，較不會讓對方覺得你很驕傲。

以下是某一個企業的課長，經常面帶笑容回答問題的例子。聽說他的部下在向他提出問題時，都會先說：「請問我是不是可以提出二、三個問題來請教您？」雖然名義上是問題，可是，內容大部分都是在反駁這位課長的意見。因此，只

要他們又提出問題時，課長就會知道問題又來了，而會產生想要聽一聽的好奇心。

直接向他人反駁時，很容易傷感情；然而，如果能先說：「請問」，也是一個很好的方法。用「請問」這種型式來反駁對方時，就可以保留對方的自尊心；而且，至少也可以冲淡向對方反駁的氣氛，且又可以使對方減少盛氣凌人的姿態。

102 對上司所下的命令，若能覆誦一遍，就可以使上司獲得安心感。

我們打電話給對方時，如果沒有聽到任何的回答，或是任何的表示時，總是會感到有一種不愉快的情緒。好像對方並沒有在聽我所說的，甚至根本不在乎我所說的，因此，而感到不安。

其實，這並不只限於在電話上，甚至和別人面對面談話時也是一樣。因爲，對於對方是不是眞的了解到我方，我方總是希望對方能夠有所反應。

這時候，如果能夠表示贊同或反對的意見時，當然是很好的現象；然而，只要把對方所說的事，提綱挈領的再覆誦一遍時，回答的效果將會更好的。也就是說，先說：「你所說的意思，是不是這樣……」像這樣再覆誦一次。由於你的覆誦，就可以解除對方的不安，更可以使對方了解我方已經知道要點，而增加我方有能力的印象。

這種情形在工作上也是一樣。如果上司命令屬下去做什麼事時，如果屬下能夠把上司所說的事再覆誦一次，上司就會對屬下產生安心感。同時，也會產生「像這樣的人，如果想要委託他去辦事，可能不會做錯吧！」的信賴度。

另外，覆誦的作用，也可以使當事人好好的記住命令的內容，可以防患無謂的錯誤。

103 不要說「我想說」而以「請聽我說」比較謙遜。

想要獲得他人的信賴，「誠懇」、「坦白」是刻不容緩的大前提。由於自己能夠先信任對方，對方就會覺察到我方的「善意」，因而對我方表示友好的態度。

所以，在與人講話時，應該時時刻刻以對方爲主，並尊重對方的意思。舉例來說，「我有話要說」，這時便是強調自我而無視於對方的存在，而使對方感覺到我方漠視他們。因此，如果能改變爲「請你聽我說」時，予對方的感覺就全然不同了。

這樣一來，對方也會對我方的謙虛感到可敬，彼此交談的氣氛也會因而融洽起來。

104 職員的非公事情報，如果能夠一一的向上司報告，上司就會對你另眼相待。

一個上司，對於其屬下的事，無論是公事或私事，都會有很想瞭解的這種慾望。尤其是有關於部下的私人秘密，有些上司更希望得知。因爲，這些情報是一種可以掌握部下的有利武器。

例如，假如上司對一個母親正在住院的部下，能夠說一聲「聽說你母親身體不舒服，那實在令人擔心。」時，部下就會感覺「這位上司對我眞關心」或「他的眼神是關懷著我」，也就會更認眞的工作，而加強自己對上司的信賴感。

然而，有關部下私生活的情報，總是不太容易得到的。而且，上司也會不好意思在大衆面前

詢問的。因此，上司就會對這位將有關個人情報傳給他的部下，會感覺可靠而另眼相待。

這時候，我們必須注意的是，上司所希望獲得的情報，絕對不是罵人或批評的一些閒言閒語。如果把同事們的芝麻細事，一一的報告時，反而會破壞上司對你的信賴。應報告些會使上司高興的情報，例如，像某某人生了小孩，或是誰今年秋天要結婚等極爲平常的事。

105 和上司去喝酒的第二天早上，若能比平常更早上班，就可以更加令人信賴

在日本的企業社會中，職員往往對公私分明的意念很強。也就是說，在玩樂是可以盡情玩樂；但是，一旦開始工作，就應把心完完全全的收回來，而認眞的去工作。對這種公私分明的人，他們才會感到信賴的。

因此，在各種歡迎、歡送會中，雖然和上司一起去喝酒，而且喝到很晚才回來；到了第二天早上，却應該要以更明朗的表情，並比平常早一點上班，最好也比上司早一點開始工作。

這樣一來，就可以向上司表明自己是一個公私分明的人，也才能加強上司對你的信賴。

還有，昨天和你一起喝酒的上司，由於睡的很晚，但是到了第二天早上，仍然和你一樣必須到公司上班，當然在肉體和精神上，也是和你一樣疲倦的。然而，當上司看到你上班竟然會比他

早時，一定會大為吃驚的。而且，因為他很容易就可以體會你當時的情況，所以，更會認為「你這個傢伙眞有辦法」。

另外，聽說有一些上司，常常會利用和部下去喝酒的第二天早上，比平常更早到辦公室，而來觀察部下們是以那一種神態來上班，像這種壞心眼的上司也有。

106 遵守在宴席上說過的約定，可以更容易的把誠實度傳達給對方。

下面是我從某一個企業的經理口中聽到的事。有一個禮拜天，他家突然來了一位客戶公司的年輕職員。這位年輕人開口說：「前幾天我和你約定的東西，我已經拿到了。因此，我特地送來給你。」就把道地的鄉下酒拿了出來。這位經理聽見了對方所說的話時，才猛然想起自己在半個月時，經和這位生意上來往的顧客在一起喝酒時，對方曾說：「我的故鄉所釀製出來的酒，可說是天下第一品。」於是，經理說：「眞的有這麼好喝嗎？如果你有機會拿到，麻煩你幫我買一瓶好不好？」這就是當時約定的情形。沒想到對方果實遵守諾言，因此，經理非常感動。

一般而言，如果不遵守約定，就很容易被視為不誠實。然而，在宴席上的約定，好像總是屬於例外的情形。也就是說，在喝酒時的約定，大家都認為只是一種開玩笑而已。因此，對於不能遵守在酒席上的約定的人，也不會責備的。但是，經理覺得這位年輕人，竟然連宴席上的約定也能遵守，所以非常感動。

因此，若想要給人強烈的印象，像這種「意外感」最有效。使人感覺愈意外時，所產生的印象也愈大。

從另一個角度來看，如果想要把自己的誠意強烈的讓對方感受時，像這種酒宴上的約定，或是半開玩笑的約定，最好也能夠確實的遵守。對方認爲我們不可能實踐的約定，如果你能夠確實做到，由於事出於意外，因此，就可以把你的誠意更強烈的表明。

107 一邊準備回家，一邊和別人寒暄時，容易給人「急著趕回家」的印象。

有些人在工作完畢，正要下班的時候，常常會一邊拿起手提包，或一邊在整理桌上的文件，然後一邊說著：「今天，有許多事都承蒙你的幫忙，眞是謝謝。」並且做出告別的打招呼。或許這是那個人無意間的動作，但是，這種做法最好改掉比較好。

因爲，一邊做某些行動，一邊又忙著和別人打招呼時，容易給人「急著回家」的印象。難得一向擁有的好印象，也會完全被破壞的。

要對人打招呼時，應該專心的打招呼；要使別人感到這完全是在打招呼而已，才能表達打招呼的誠意。

108 遇到情況不如意的人，只要注意聽他說話，就可以增加對方對你的信賴。

日本的人類文化學家原弘子女士，在她和美國印第安人一起生活的觀察記錄『人類』這本書中，對於各部族的親戚，彼此努力開玩笑或惡作劇的情形，有這樣的記載：

「在一般禁止打架或憤怒的社會中，特定的開玩笑或惡作劇，或許是發散鬱悶的安全栓。」

日本也有一句名言是：「不說話的人，肚子就會漲起來」。這個意思是說，在肚子裏的悶氣，應該以說話來解消。根據原女士的觀察，印第安人就是很巧妙的活用這種心理，而使人際關係獲得良好的效果。

然而，當一個人一旦陷入不順利的情況時，大部分連講話都懶得講。由於這樣，肚子裏的悶氣或心中的苦，就無法發散，而造成不順利情況的惡性循環。但是，這種人如果聽到別人的安慰語時，情況會更糟。

其實，對於這種人來說，最需要的是一個可以當作自己的「聽衆」的人，雖然並沒有刻意的談一些話題，但是，却可以發洩自己的情緒。同時，對方也會了解你的誠心，在這種氣氛下，就不難看出他脫離不艮情況的跡象了。因此，不論是請他一起去喝酒、或者是在飯後慢慢的聽他細訴，只要你能夠站在「聽衆」的立場，一定可以增加對方對你的信賴。

109 去訪問別人時，一定要服裝整齊，才能強調自己的誠意。

準備到上司的家裏拜訪時，到底要穿著什麼樣的服裝，可能會使很多人產生迷惑吧！當對方穿起便服在家休息，而我方却穿著盛裝時，反而會造成失禮。但是，如果是穿著太隨便的服裝，自己也會感到十分的不好意思。因此，有關這個問題，若爲了表現自己的人品，以及想要向對方表達誠意時，還是盛裝前往比較好。

這是和禮貌有關的問題，但是，從人的心理上來分析，這種表現也會帶給對方不同的印象。一般來說，在假日時，大家總是穿著比較輕便的服裝在家休息。因此，當對方看到你是盛裝前來時，也會有「你竟然會爲我刻意地盛裝打扮」這種意外感，而感到我方的誠意。

在對方正穿著便衣在休息時，我方竟著盛裝前去時，難免會使對方在心理上形成一股壓力，也就是會使對方感到自卑的。雖然如此，但是，從另一方面來說，就可以給對方一種「我是這樣向你表示敬意」的意味的。

以前我和內人，曾經被日本人素封氏招待過。在當天的晚餐時，對方竟然穿起晚禮服來迎接我們。雖然他們有一點不像日本式的做法，然而我們却感到很光榮。

110 對餐廳的服務生或其他第三者的態度，可以左右對方對你的印象。

我曾問過一個正要和男友結婚的女孩，爲什麼她會決心和對方分開的原因。他們二人本來是非常的情投意合，也曾經在相親後一起外出約會了數次。但是，有一天，當他們兩人正在餐廳用餐時，由於服務生拿了別桌點的菜給他們，那位男友即開口說：「什麼，這家餐廳到底在幹什麼，難道他們認爲我會點這種菜嗎？……」以這樣的口吻把服務生罵了一頓。看到這一幕後，這位女孩對這位男子溫柔體貼的好印象，完全消失無踪了，並認爲自己是無法跟這種人在一起生活的。因此，最後終於決定分手。

不只是這位小姐，如果是和自己在一起的朋友，當他對餐廳的服務生或咖啡店的服務生等，竟然以一種高壓的態度來對待他們時，任何人都會產生不愉快的印象。我想，有這些經驗的人，應該也有不少吧，然而，爲什麼會感到不愉快呢？那是因爲自己會在無意中想到，萬一自己處在弱的立場時，對方也可能會採取高壓的態度的。

談到這裏，想必大家都已經了解，如果我們想要表現自己的誠懇時，應該不只是對對方而已，甚至對第三者也應該以同樣的誠懇來對待的。也就是說，當對方如果了解你對任何人都是一樣誠懇時，對你的信賴也會增加。

111 對不在場的第三者表示關心時，就會給人很細心的印象。

大約在十年前，一位新進的年輕編輯來拜訪我。他對我先講述一些主題，再和我閒談了一下。他在看了時間後，就匆匆忙忙的站起來對我說：「我和您聊了這麼久，竟然忘記了時間。老實說，由於我還有另一個約會，我認爲不應該讓對方等太久，因此，我恐怕要現在就跑過去。」我送他出門後，眞的看到他飛也似的跑著。

有些人也許會認爲他的這種做法有一點失禮，但是，當時他的態度，充滿了不可以讓人等待的表情。因此，我對這個年輕人的認眞態度，得到很好的印象。

當然，他絕不是故意在我的面前表演的。由於他能夠表現出對第三者的關心，的確可以增加別人對他的好感。假如我們正在和別人談話時，如果在中間向對方打岔說：「對不起，我突然想起一件事……」，而離開座位去打電話給接著下來所約會的對象後，再回到原位解釋說：「因爲我發覺自己可能在接下來的約會時間無法準時赴約，可能會有晚到十分鐘的情況；所以，我剛才先打個電話去通知對方。雖然只有十分鐘，但是，我知道等人的滋味是很不好受的。」假如是我們在無意間這樣說時，對方會有怎麼樣的感覺呢？

我想，所有聽到的人，一定都會認爲這個人非常的細心，就像前面所說的一樣。其實，如果自己站在相同的立場時，也會期待對方能夠一樣的關心自己的。因此，一定不會產生不愉快的心情，反而在發現他是這樣的細心之後，會產生更好的印象才是。

112 過分的囉嗦，反而會給人「沒有信心」的印象。

我曾經在一個入學考試中當過監考官。在考試結束時，時常會聽到某些考生說：「那個問題你是怎麼做的？」或「噢！終於考完了。」等，像這樣大聲說話的，總會出現一、二個人。像這種表面上看起來已經放鬆心情的考生，其實對考試的成績，並沒有十分的把握；也許考的很不理想的人很多。

任何人在心理上存在了某種弱點時，總會一直不停的講話，或是對別人採取攻擊的態度，以便來掩飾自己的不安和自卑感的。譬如在外面風流的先生，回到家裏後，常常會對太太不停的解釋或談論其他的事；另外像一些瀆職的代議士被抓到時，都會浮華不實、不停地說明原因。

這種不能保持著沈默的人，是因爲害怕自己如果不繼續的講話，對方就有可能會視破自己的弱點，而不時的感到不安。因此，只有採取不使對方有講話機會的方式，以圖避開自己受攻擊的機會。由於有這種心理的存在，才會變成多話的現象。也就是說，多話或不停的嘮叨時，就會在無意中把自己的沒有信心表現出來的。

因此，如果過分的多話，或隨意的開口講話時，反而會使對方產生「這個人可能有一點問題」或「這個人可能沒有什麼信心」而感到懷疑的。所以，在某些時候，應該要特意的保持穩定或沈靜，才能向對方表示自己的信心。

113 想要向女性職員傳達期待感時，有時必須故意責罵她們。

我們曾經以女職員爲調查對象，統計出「妳們喜歡怎樣的上司？討厭怎樣的上司？」的答案後，結果發現大部分的女職員都是說：「我們喜歡的上司，就是在該罵時，會罵人的類型。」然而，在犯了錯時，則只說：「沒關係」的上司，最令人討厭。

對於這種說法，可能會有很多男性大不以爲然吧。因爲，只要稍爲責罵一下，大部分的女性都會哭，或是會表示不高興，實在是難以處理。因此，通常看到她們犯錯時，常常假裝不知道的上司相當多。

其實，到底那一種說法正確，那一種說法不正確，是無法一概而論的。然而，女性對會責罵自己的男性，反而會感到比較喜好的傾向，卻是不能否定的。其中之一的理由是，整個社會向來都是有對女性特別寬容的習慣。因此，一向處在這種環境中的女性，一旦碰到對自己嚴厲責罵的人時，就會產生這個人好似對自己特別關心的印象。

而且，女性知道是自己犯的錯，但是却沒有挨罵時，就很容易有自己被輕視的感覺，認爲對方並沒有肯定自己，甚至是看不起自己。這種感覺，在能力愈高的女性的心理，愈常見。

所以，對待自己手下的女性職員，有時應該嚴厲的責罵，才能夠傳達自己對她的期望。在這種情形下，當然就不應該再區分男性、女性了。

114

能夠細心的照顧女性，就可以表現出無法言傳的好意。

聽說許多的風流事件，都是從細膩又殷勤的照顧中導引出來的。而且，一般社會上的花花公子，的確很懂得向女性獻殷勤的。他們都會一次又一次的打電話給女方，即使受到對方一連的拒絕時，也會不厭其煩的邀請她。同時，有的人甚至還會在她生日那一天，特別的準備一份禮物，這實在是很聰明的做法。這些花花公子，對於照顧女性方面，不論是什麼事，都絕對不會感覺厭煩的。

因爲，他們非常了解女性的心理。一般的女性，總是對會在多方面照顧自己的人，比只用口說：「我喜歡妳」的人，較容易產生好感。

而且，通常女性在聽到對方說：「我喜歡妳」時，並不會眞的就相信的。女性一般都比男性的警戒心強，因此，對於這種「甜言蜜語」，有時會感覺到好像含有某種野心，而很快的產生懷疑的。

然而，像這樣的女人，如果遇到對方用細膩的行動表現時，情況就不一樣了。單純的用話說：「我喜歡妳」，往往是比較簡單的；但是，用行動來表示時，所需要的勞力或時間會更多。所以，看到對方不惜勞力或時間來照顧自己時，女性就會強烈的感受到這個人對自己的好意。

如果想要讓女性對你產生好感或誠懇的印象時，你就必須多方的表現照顧她的一切，這才是上上之策。但是，萬一你是以傲慢的態度來對待時，就難以引起女性對你產生好感。

115 對女性有時需要使用強迫的誘導方法，這樣反而可以使女性對你產生好感。

求婚的方法有很多種，然而有一位相聲家在再婚時，曾經使用過：「妳應該和我結婚，否則一定不會幸福」的說法。雖然聽起來很帶有壓迫感，而且，可以說是完全爲自己的自私語調；但是，他却以此射下了比他年輕二十歲的美人心。

那位女性，聽到他所說的話後，認爲這世界可能沒有人比他更可靠，所以就同意與他結婚。

像這種強迫的語氣，尤其對女性來說，反而變成一種增加魅力的印象，並使人覺得可以依靠的感受。至於一般人的做法，都是以尊敬對方的態度而說：「我們到××地方去，好嗎？」或「我們去吃一些什麼東西，好嗎？」因此，對方反而會認爲你太優柔寡斷，而對你產生靠不住的印象。甚至於還會以爲你是一個沒有自信，缺乏領導能力的人。

所以，在對待女性方面，不必要過分的尊重對方，有時應該使用強迫的誘導法。而且，這也是一種可以表現出你具有氣魄的好辦法。

當然，如果十件事情，你每一件都使用這種方式，也許就會讓對方認爲你是一個自以爲是的人。因此，如果對方有任何不一樣的意見時，就應該好好的傾聽；然後再使用強迫的方式，才會讓對方十分的信賴你。

116 與人第一次會面時，如果翹起脚坐著時，會被誤認為是不認真的人。

一般的傳統禮貌的坐法，在和長輩見面之時，為了要表示敬意，習慣上都是正坐且面對著長輩。而且，兩個膝蓋應該併在一起並挺起胸膛，這才算是有精神的表現。

無論坐在什麼地方，兩脚還是要合併，比較容易獲得好感，這才是眞正有禮貌的態度。無論在講話的內容上如何表示敬意，但是，如果沒有做到表現敬意的態度時，對方就沒有辦法感受到你的誠意了。

關於這方面，歐美人比較不拘小節。在公開的場合的服裝或態度等規定，當然也有，但是那是完全配合「場所」而實行的，和人際關係是不相關的。西洋人和東洋人的差別是，西洋人只要實行對話上的恭敬就可以了。因此，歐美人在權勢比較高的人面前，或是和第一次初見的人會面時，也會毫不在乎的翹起脚坐著的。

但是，國人却不能這樣，仍然應該以傳統的姿勢，把雙脚併齊，才能被認爲是認眞的態度。

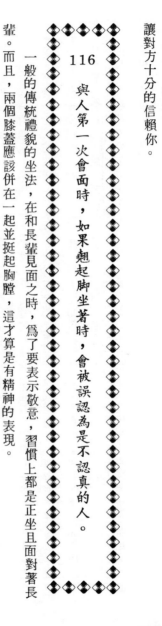

「認眞」這種印象，是要由表情、說話，以及表現的態度綜合起來判斷的。因此，必須累積每一個細節，才能達到綜合的效果。如果有一點「不合格」的跡象時，就算是整體自我表現的失敗了。這似乎是很不容易達成，但是，只要雙腳能夠做到靠攏的姿勢就好了。尤其是在和擁有這方面意識的人見面時，只要稍爲留意一下，就可以了。

117

和別人講話時，如果雙手交叉在胸前，容易使對方對你產生驕傲的印象。

雙手是所謂的「保衞自己的籬笆」。每一個人都會在無意間使用雙手而表現出各式各樣的態度。至於在胸前，而互相表示「否決」的情形。

雙手交叉在胸前的動作，可以解釋成一種身藏著武器，而隨時皆可攻擊對方的心態。這是爲了保衞自己的心，所反應出的本能態度。所以，當我們在聽別人說話時，最好能夠避免這種雙手交叉在胸前的姿勢，也許對方雖然沒有感到有「拒絕」的意味，但是至少也會使對方產生一種你這個人很驕傲的印象。

118 「低姿態法」，可以成為奉承對方的表現態度。

現在的情形變的怎樣，我是不太淸楚；但是，以前到商家去當學徒時，老闆都會要求你對顧客一定要採取低姿勢的態度。尤其在鞠躬時，腰都一定要彎到相當低的程度，否則就會立刻遭受到前輩的責駡。

彎腰的姿勢，就是一種尊敬對方的形式，而且，也會造成和對方變成「仰頭和俯看」的視線差異來。

一般說來，兩個人之間，如果在視線有俯仰關係時，仰的那一邊就屬於劣位，俯看的那一邊就變成優位，而會有這種心理的上下關係產生。例如打架時，如果有任何一方被打倒時，就可以分出勝負來。因爲被打倒的人，無論如何都必須仰看對方，在心理上就會被迫屈居在劣位。在這種情形下，即使肉體上沒有什麼損傷，也很容易喪失想要繼續奮鬥的勇氣。換句話說，保持低姿態，就是表示尊敬對方的意思，因爲當自己處在劣位時，對方就會產生優越感的。至於西歐人，由於沒有鞠躬的習慣，當他們要向地位比較高的人表示敬意時，往往就以跪姿表示。

面對著人際關係，而想要奉承對方時，不只是在說話中表現；同時，也要表現出低姿態，就會留給對方深刻的印象。日本的福富太郎先生也曾說過，凡是成功的商人或服飾店的老闆，大部分都是因爲對顧客採取低姿態的緣故。

119 不贊成對方的意見時，也不應該把視線移轉到旁邊或下面。

當一個人如果不願意贊成對方的意見時，往往會逃避對方的意見。但是，視線移轉到旁邊時，就會使對方認爲自己被漠視一般；而且，把視線朝下的人，容易使對方產生自卑感或卑鄙的印象。雖然如此，但是，如果老是瞪著對方看，也是不自然的，有時甚至使對方產生無能的不快感。

視線是可以移動的，但是，移動時，也應該移動到斜下四五度的方向比較好，這恰好是傾斜脖子的姿勢。這樣一來，就可以表現對對方所說的事很關心，一邊聽且一邊在品味的樣子。這樣一來，對方就不會產生不快感了。

120 「什麼事都想自己做」的態度，不會給人有強烈的責任感，反而給人不易協調的印象。

如果你的同事或上司對你說：「我看你好像很忙，讓我來幫你的忙，好不好？」你的回答是：「沒有關係，我一個人可以做的完」，而想表示自己很重視責任感。但是，這樣的表現，似乎不太理想；因為如果同樣的情形發生時，而你一再地回拒對方，反而會產生不良的後果。國內並不像歐美社會一般，完全著重個人主義。如果進入集團內工作時，首先必須要和周圍的人保持互相協力的關係。如果一味的想使表現比別人更出類拔萃時，就會像「出頭的釘，必會挨打」一樣，往往會被別人扯後腿，百般阻礙你的進展。

然而，在這種現實的社會中，一旦發生了某種事時，大家往往彼此推脫責任，且馬馬虎虎的了事。對歐美人而言，也許很難了解這種情況。但是，在日本社會中，由於團結而發揮出來的效力，的確是有目共睹的；畢竟，在現在的這種社會環境中，如果什麼事都想自己一手包辦時，反而容易受到周圍人的攻擊。在這種情形下，還不如多採用別人的看法，這才是聰明之舉。對別人的幫助，表示由衷的期待，並感謝別人想要來支持你的心情，反而會使別人更熱烈的支持你的。

但是，如果你經常借助別人的力量來完成工作，那就無法得到對方的信賴了。不過，有些時候自己可以完成的事，若借故求助別人的方式，則是有能力的人的做法。

第四章 使自己更爲可親的自我表現術

——「坦率」、「善體人意」是關鍵所在

本章的序

下面的例子是年代稍早的事。日本的NHK的磯村尚德先生，因為主持「時事評論」出現在電視機的畫面時，曾令日本的社會人士感到相當的意外。在過去主持這個節目的人，無論事情如何，總是無個性的。這個意思是，完全沒有將情緒表現出來，但是，磯村先生卻大膽的突破舊例。

首先，磯村先生是採取斜坐的方式面對攝影機，有些人就認為他這樣的表現很不認眞，而表示反對的意見。然而，實際上，他這種斜對著攝影機的方式，總比正對著攝影機的方式，容易使人產生親近的印象。同時，他在選擇服裝方面，也比較趨向於流行、鮮艷的款式。

磯村先生不只是報告時事，還會把自己的感想也配合在一起評論。有時候，當很多觀衆對他的評論，提出很多的抗議時，他都會坦率的承認自己的不對，並向大家致歉。磯村先生的這種做法，在日本，有人批評是裝模作樣；但是，磯村先生的人緣，却是壓倒性的高。這是因為觀衆在磯村先生的身上，找到了以前時事評論的人所沒有的親密感的緣故，所以日本的社會人士才會對他發生好感。

磯村先生的做法，可以給我們許多啓示。我們生存在這社會之中，雖然會和許多人保持著良好的社會關係，但是，也有少數的人會對我們產生不良的印象。然而，對付這些不良印象，我們只要在服裝或講話的姿態上稍做修改，就可以打消那些人的原來想法，而使之對自己產生親密感的印象來。

使對方產生親密感的表現，不只是為了個人的人際關係，在社會中，也是發展事業的一種很重要的技巧。因為，一般人對自己的人或同伴等，有很明顯的內圈和外圈的區別。也就是說，他們對內圈的人，一向很寬容，即使稍為犯錯，也會大而化之；但是，對外圈的人，卻是非常的冷淡。所以，一個實業家，如果無法讓對方產生親密感，無法使別人在心理上承認你是和他們共屬於同一種圈子時，往往在做事方面就會遇到許多的困難。

本章就是準備來談一談，到底要如何讓對方感覺到親密感的自我表現術。一般說來，為了要早一點達到內圈性關係，任何人在與第一次初見的人會面時，都很容易敘述一些表面化的事情。然而，這樣一來，就無法和對方融合在一起了。如果能夠深一層的和對方溝通，對方才能全心全意的接納你，而對你產生好的印象。

121

主動與對方攀談，是向對方表示好意或積極的表現。

參加聚會時，常常會看到有一、二個人坐在會場的角落，而沒有和別人說話。也許這些人是覺得很難和不相識的人講通，但是，依照我個人的看法，這些人只要稍爲研究一下自我表現法，應該就可以擴展交際的領域的。

例如，有一些歐美人到日本去觀光時，雖然對日本語言完全都不懂；但是，他們至少也都會使用「你好」或「再見」等日文的寒暄語來積極的和對方打招呼。像這種片面性的禮貌，也會使人感到親密感，因而從這兒產生出更進一步的人際關係。

也就是說，他們並不在乎是什麼樣的內容，只要是自己主動的先和對方講話，就可以製造出讓對方感到我方的好意和積極態度的。

就像我們在日常生活時，所使用的打招呼的用意一樣。寒暄語的本身，也許沒有代表什麼特殊的意義。但是，只要先發出聲音，就可以成爲表現親密感的姿態。聽到寒暄聲的人，也絕對不會產生反感，反而會對對方產生親切感。因此，這樣就可以提高彼此的親密度。

與人談話時，有些人可能會擔心。自己所說的事也許對方並不想聽，因而瞧不起自己，所以自己一直不敢講。但是，現在我告訴各位，這種擔心是不必要的。你可以隨便說：「今天天氣很好」或「你好嗎？」等，任何內容的話都可以。反正，只要你先向對方開口，這才是最重要的原則，才能獲得對方的好感。

122 把對方不好意思說的事提出來，就可以使對方更加認識自己的能力。

每一次當我經過一家大紡織工廠時，我總會產生一種疑問。那就是座落在馬路的角落的公司招牌，似乎並不是對著馬路成直角，而卻對著十字路口的中央，斜斜的放置著。有一天，我恰好有一個機會和那家公司的幹部見面。於是，我就向他直接提出這個問題。這個幹部一聽到我的發問，馬上以一種感激、吃驚的表情面對我，認爲我竟然能夠注意到這一點。後來，他就從招牌的由來說起，並提到創業時的辛勞，和一些工廠內部的事情等，並聽到「從直的或横的馬路角度都可以看到」後，我的疑問就解除了。然而，我認爲最大的收穫是他對我的質問感到很高興，而且開心的和我談了許多事情。這在我和他的交往上，可以說是一份很大的收穫。

不只是限於這位幹部，任何人都會對自己能夠表達的事感到十分得意的。但是，對方如果有值得自豪的事，或是很得意的過去時，如果不先向他問起，却談論到其他方面時，效果就會減半的，這一點大家都很了解。有關工作上的業績、經歷、興趣等自己所得意的事，如果別人沒有問起，自己往往是不敢先說出來的。

因此，如果能夠精明的把握這一點，而先把對方得意的事全都提出來時，對方當然沒有不高興的理由。同時，就會對你留下深刻的印象。另外，當自己把上司或部下介紹給別人後，如果能將上司或部下不好意思開口的得意事蹟，以很自然的方式說出來時，你的上司或部下，一定會對你產生更深的信賴感的。

123 若能以「共同的敵人」來當話題時，就可以增加彼此間的親密感。

從歐美到日本訪問的一些實業家，一看到日本人的生活型態時，都感到非常的吃驚。因爲在的薪水階級的人，下班後都不直接回家，而是二、三個人一起呼朋引伴的到掛有紅燈籠的酒吧去喝酒，然後再回家。這在對工作和私生活有明顯分野的歐美人看來，日本人的這種習慣，似乎是很難令人了解的樣子。

這種同一個公司的同事在一起喝酒時，共同的話題大部分都是批評一些同事間或上司的事，因爲大家都是同事，難免會談到這些方面。有關這類話題的選擇，是增加同伴意識的關鍵問題。

其中最好的技巧之一，就是提到正在喝酒的同事們的「共同的敵人」，以此爲主要話題。這個敵人，不管是公司的課長也好，或是一位新進的職員也可以，反正，把某一個人提出來當成共同的目標，徹底的批評他，或說一些貶抑他的話。我想任何人都是一樣，很少能把自己以外的人完全的接受，每個人大部分都會擁有一、二件感到很生氣或很想批評的事。利用這種人的心裏，而能夠把共同的敵人提出來當爲主題時，彼此的利害關係就會變成一致，也就可以增加彼此間的親密感了。

當然，在這種情況中，如果不事先仔細的觀察對方，却隨便的舉出一個人來當成「共同的敵人」時，應該避免。因爲，這樣草率的行事，有時會意外遭受到別人扯自己後腿的不利後果。

124 能和對方一起強調共同的目標時，就可以使自己更可親近。

以前我曾看過一部電影，它的內容是這樣的：有一個強盜召集了數位同件，想要一起搶劫銀行。於是，過去的二位知心夥件，就立刻響應參加。然而，人數還不夠；於是，他就叫這二位夥件再去召集，最後，終於以十個人組成一個強盜集團。

但是，對這位領導的強盜首領來說，十個人中，其他七個人都是新面孔，他甚至連名字都不知道。相反的，這七個人也不知道首領的名字，對他完全陌生。因此，以這種型態的集團來進行工作的話，很可能會發生同伴間出現裂痕的危險來。

後來，這位首領以一種巧妙的手段來化解這個危險。他花費了一個禮拜的時間，和那七個人一起吃飯。

在吃飯時，他就一邊敍述這件工作的冒險性有多大，以及如果個人不能完成自己的任務時，整個事件就不可能成功。而且，從那個時候開始，他就一直強調自己和大家一樣，也非常需要用錢。這種以「需要錢」的共同目標來強調，並使大家確認的方式，才使彼此都陌生的七個人能夠對首領而產生了親密感，因而發揮了相當有利的團隊精神。

像這樣擁有共同的目標，就可以使同伴之間，很容易就靠攏起來的。發生戰爭中，全體國民之所以會團結一致，也是因爲大家都有保衞國家這種共同的目標的緣故。換句話說，如果你能夠對部下表示「大家只要共同努力，我一定會發給各位年終獎金」等，有這種使大家擁有共同目標的慾望時，部下對上司的親密感，自然就可以增加的。

125

對於初見面的人，若能夠坐在他旁邊的位置，彼此就比較容易親近。

關於這一點，想必大家都已經有所經驗了吧。事實上，和初見面的人，一直面對面對話時，的確是一件很令人疲倦的事。因爲，面對面的坐著，彼此的視線難免會相接觸，兩個人的緊張氣氛就會加高了。

日本已故的池田勇人的親戚，也就是日本屬一屬二的大富豪近藤荒樹先生，聽說如果對方要求借錢，而他不想把錢借給人時，往往都會面對面的和對方談話。這樣的對話，往往會使對方感到緊張，也就不敢隨便的開口了。而且，假如把錢借給對方時，也不會有被倒掉的情形。相反的，借了錢而無法收回來的對象，往往是講話時，坐在其旁邊的人。

與人對話時，如果是坐在對方的旁邊，心情自然而然就會感到輕鬆，因爲並不需要一直面對對方的視線，只要在需要時，再看看對方即可。聽說如果是和重要的人物對談時，爲了消除對方的緊張，而想套出眞心話時，都會刻意的下一番功夫。譬如其中之一，就是在室內放一盆花，使對方的視線可以移轉在花上。另外，在約會時，坐在對方的旁邊，比較可以增加親密感。有關這一點，想必大家都可以想像的吧。

想要跟第一次見面的人表示親近的態度時，最好能避免面對面坐下來談的方式，儘量選擇坐在旁邊的位置，以便使對方的視線有逃開的情況比較好。這樣一來，就不會造成對方的緊張，而提早達到親近的效果。

126 若能無意中製造靠近對方的機會，也可以縮短彼此心理上的距離。

下面的事，是某個評論家在某雜誌上發表過的文章。聽說他在買襯衫或領帶時，女店員爲了要替他測量尺寸，就會接觸到他的脖子。這時候，他就會感覺到「眞厲害，我輸她了」的意味。因爲在測量脖子時，店員就會接近自己，而且會靠近到一般情侶才有的近距離。所以，在一刹那間，就會讓對方有像戀愛一般的感覺。

每一個人的身體周圍中，有所謂身體的勢力範圍。這一環區域，一般說來這都是屬於比較親近的人才能侵入。然而，像這位評論家一樣，當他允許女店員侵入自己的區域時，就會陷入好像承認和對方的親密關係的錯覺了。

我記得在某一本雜誌上，看到「伸出手放在對方的肩膀上說：『我們就是情侶』」的宣傳標語。雖然彼此都很生疏的男與女，只要把自己的手放在對方的肩膀上時，心裏上的距離的確就會縮短了。有時候，甚至在一瞬間就彼此承認「情侶關係」。這也是推銷員常使用的技巧之一，他們常常會一面講話，一面向對方靠近的。

總而言之，如果你想要提早和對方產生親密的關係時，最好能夠在無意中向對方靠過去。

127 與人第一次會面時，如果一直瞪著對方的眼睛，會使對方留下不良的印象

和第一次見面的人講話，會感到不自然的原因之一，還是在於視線。如果一直看著對方講話，視線就會正面的接觸，因此就會感覺不自然。而且，如果過分的瞪著對方講話時，有時會被認爲是一種挑戰意味，被看的人，好像被對方看穿了什麼似的，因而感到不愉快的情形很多。

然而，如果你一直在躲避對方的視線，也會被對方誤認爲你在漠視他的存在，這是一種失禮的行爲。就像前面所說的，如果一直將視線移轉到別處時，看起來也會令人產生卑鄙的印象。因此，到底應該要怎樣看對方才好，對這方面有疑惑的人，可能有不少吧！

對這個問題能夠給我們一個正確答案的，就是日本人小笠原流先生，他告訴我們，看對方時，上面最好是看二個眼睛的中點，下面則是看兩個乳房的中點，側面是由肩膀線所圍成的四角地帶中。只要不超離這三個地帶，就不會造成對方的不良印象，而且可以表演出很自然的注視對方的感覺。

有句話是：「眼睛像嘴巴一樣會說話。」這話的確不錯，眼睛就是用來傳達視線的。在互相面對面中，視線對彼此心理上的影響很大，因此要看你射出怎樣的視線，給對方的印象也會不同。有時可以達到良好的效果，有時卻會造成對自己不利的印象來。

128 不要只想讓對方笑，對對方的笑話也要能夠笑出來，這就是親密感的表現。

在日本的收音機和電視上，很活躍的司儀人物高島忠夫先生，聽說是一位很擅長於傾聽別人說話的人。他對第一次初相見的人，往往也能夠很快的融合在一起，並且不斷的引出對方的話題。高島先生對對方的話，總會以一種很愉快的心情來傾聽；並常常運用一些機智套出對方的話題，但是，高島先生却從不隨隨便便的對對方開玩笑。這一點，想必就是受歡迎的秘訣吧！

在人際關係的相處上，我們同樣的也可以說出一些好笑的事來使對方發笑，這固然是促進笑聲的潤滑劑，但是，要開玩笑，本來就是一件不容易的事。本來想要對第一次見面的人表示好感，但是，往往却會使對方感到不自然，而使會談的氣氛變的不愉快的情況也有。

因此，若是勉強行事，倒不如當個好聽衆，就不會有任何的困擾了，反而會增加有利的氣氛。對方所說出來的可笑事，即使你認爲不怎麼好笑，但是，也應該笑一笑，這樣，就會達到很好的效果。彼此都在發笑時，緊張的氣氛就會消除，親密感也會隨著產生出來。在快樂的談笑中，就會變成像親密朋友在一起談話的氣氛一樣。

總而言之，能夠達到彼此都發笑的關係時，就可以消除緊張感，對方也會認識你的優點了。

人際關係的溝通，道理也是一樣的。常言道：「常笑之家，有福來臨。」就是最佳的寫照。

129

和對方的共同點，即使是細小的事，也把它強調出來，就可以給人性格直爽的印象。

心裏學家在探測人的深層面時，會使用下面的手法。首先問對方：「你住在什麼地方？」對方答：「某某區」，再問：「某某區的什麼地方呢？」回答：「某某區的某某地方，」接著問：「到底靠近那裏呢？」，「就在台灣大學的附近。你知道那裏有一家賣香煙的小店嗎？」

這就是只要找到自己和對方的共同點，不管是怎樣微不足道的事，也能夠強調出來。只要能夠在彼此之間找到某種共同點，即使是第一次見面的人，也可以消除彼此的緊張，而在心理上湧出特別的親近感。深層面談就是利用這個原理來增加親密感的。因此，在心理上能夠將彼此間的距離拉近，對方就比較容易說出眞話的。

像這種特殊的心理傾向，幾乎每個人都有。例如，只因是同鄉或同學，就會很快的產生出同伴意識、或是同胞意識的，以這種關係連繫彼此，自然就會親近。在男性中，連同樣的薪水階級，或同事這種相同的基礎，有時也會意外的產生共鳴的誘發劑。至於女性，有時只靠同星座或同血型，也能夠完成更親近的任務目標的。

想要讓對方產生直爽的印象，而達到彼此的親近時，只要能夠巧妙的運用這種技巧就可以了。如果對方是有家眷的人時，也可以詢問孩子的年齡或人數，而來找出共同點，這也是一種好辦法。

130 把重要的人名寫在通訊錄的前面，可以使人產生好感。

下面的事，是我和一位長期間在業務上有來往的人，所發生的事。那個人對我說：「我會把你所需要的資料寄到你家」，然後，爲了確認我的住所，就在我的面前打開通訊錄。在翻開的一刹那間，我突然非常的吃驚，因爲他把我的住址寫在通訊錄的第一行。老實說，從那天起，我對那個人就產生了相當好的印象。

每個人對和自己有關的事，都會相當的敏感。例如在備忘錄上看到自己的地址時，被對方寫的很雜亂或很端正，也會影響我方對他的印象的。因此，對於重要人物的住址，如果能夠寫在通訊錄的最上端，並且在偶然間讓對方看到，實在是很具效果的表演過程。

131 對方曾經提過的細節，若能記起來，並常常覆誦，就可以表示對對方深層的關心。

我的一個朋友，有一天到某個地方去演講，主辦單位的某一個人問他說：「先生，您的專長是什麼？」我的朋友突然感到很生氣，所以回答：「你既然請我來演講了，又何必管我的專長是什麼！」當場的氣氛，因而變的很不愉快。也許我這位朋友不夠大方，但是，他會生氣的原因，我們也可以了解的。

被別人邀請或我們自己拜託別人來會面時，對方對我方，或我方對對方的情報，應該要事先了解才好，這也是一種禮貌的表示。每個人都會有「到底對方對我有多少關心」的這種期待和不

安，如果這種期待沒有得到時，就會像我這位朋友的心裏一樣，會有不快感的。相反的，對這些事情的資料，準備的愈齊備的人，愈能夠觸動對方的自尊心，也會使對方感受到自己的誠意的。也就是說，對對方表示愈深的關心，就是使對方留下好印象的最理想的自我表現法。

想要對對方表示我方的關心時，最好是能夠記住對方曾經說過的一些細小的事，以後有機會則說：「以前您是不是這樣說過……」，在無意間把它當成話題，也是一個很好的辦法。尤其是把趣味的事、嗜好或某種預定的目標等，和對方相關的一些重點拿來當話題時，對方應該會感到很愉快的，並敞開心門傾聽著才是。在口試時，如果能引用考試官曾經說過的話，而說：「您剛才是不是說……」，那麼，考試官的心情一定會很好。

132

任何事，只要能先問清對方的意思，就可以表示出尊重對方的態度。

這已經是好幾年前的事了，當時我和內人是擔任某一對情侶的媒人。男方是我的學生，從相親開始，我就一直照顧著他；但是，就在相親席上，有一件事我感到很佩服，這也是促成這樁婚姻的要素。

這對情侶和我們，是在一家大飯店的餐廳中，舉行相親儀式的。那時，爲了點菜，我在一開始就問男方說：「你喜歡吃些什麼？」一般的情形下，大部分都會馬上回答說：「我喜歡○○和××。」但是，我的學生並沒有這麼做，因而使我感到很意外。

他在選擇之前，先向女方問說：「××小姐，妳的意思怎麼樣？」聽到他這樣問後，我就感覺這一次的相親，一定會順利成功的。

果然不出我所料，大家談話都很投機。而且，最讓我佩服的事，就是這個學生，凡是遇到選擇性的問題，一定會先問清女方的意思。不管如何，能夠做到先問清對方意見的態度，也就是表示對對方尊重。在同桌之中，通常最偉大的人，就是掌握了當場的選擇權的。因此，能夠使對方擁有選擇權，就是尊重對方的最好表現方法。

任何人都是一樣的，只要受到別人的尊重，心情一定不會不愉快的；可能在當時，女方也會感覺出「和這個人在一起生活的話，可能會很幸福」的印象吧！

133　對方的攜帶物或服裝等，能夠指出細小的變化，也就是對對方的關心。

依照我的觀察，一般的日本男人，對自己的太太的自我表現都不太好。例如，當太太從美容院回來後，自己已經發現太太改變了髮型，而且令人感覺很年輕時，卻不會用言語表達出來。所以，太太們往往會抱怨先生說：「對我都不關心」，有這種不滿的現象。

每個人都擁有別人對自己關心的慾求，而且，凡是能夠關心自己的人，一般都會對他們表示好感的。因此，如果想要獲得對方的好感時，應該積極的向對方表示關心，這才是重要的要素。

對對方的手持品或服裝，如果發現到有細小的變化時，就應該立刻指出來。譬如，看到對方所結的領帶和平常不一樣時，就應該表示：「喔！你今天帶的這條領帶，我從來沒有看過，你是在那裏買的呢？」而以這種關心的態度來對待別人，別人會因而感覺不愉快的，恐怕是很少吧！

尤其是女性，一向就對服裝或零碎的飾物比較重視，假如聽到有人注意到時，心中一定很高興。

像這種指出對方的變化，事情愈細小，讓對方高興的效果就愈大。因爲當自己發現對方竟然連這麼小的事都爲我關心時，就會對對方產生出強烈的親密感。

134

表現對對方的關心時，如果能提供對方可能性的建議，也是一個辦法。

對自己表示關心的人，只要他的關心不會傷害自己，每個人都有可能會接受的。尤其是當那個人觸發了和自己的自尊心有關的事時，就會立刻對他產生好感。

這種和自己的自尊心有關的言語，也就是相對於自尊心，使人產生更深刻印象的可能性建議。例如，對方如果是女性，只要對她說：「妳的髮型眞美。」爲了有不只是褒獎的意味，就再補充一句：「如果再剪短一點，看起來會更可愛。」這樣說完後，對方就會認爲你對她相當的關心。像這種關心，如果能夠經常的表現，對方就會對你產生好印象。

135 「請教」、「請幫忙」這種觸發對方自尊心的態度，可以引起對方的好感

社會上常常有「受到老人喜愛的人」存在，這種人在工作上一遇到困擾時，大家都會替他想辦法解開。在日本的政界或財政界，老人擁有的權力比較多，這是因爲老人的確有他們的可行辦法的。他們並沒有使用特別的技巧，只是不管什麼事，都能夠說一句：「請多多幫忙」，而對方就會產生要實際做做看的想法。

這個秘訣是在於他的「盛情」。任何人遇到對方有很深的盛情時，都不會感到有什麼不妥之處；當自己被看成一個可靠的人物時，也會認爲對方很有趣。

對別人表達盛情時，照理說應該已經很了解那個人了，但是，有時候並不然，而是需要技巧的。最好的方式是，對凡是自己的長輩，都採取「請教」、「請幫忙」的姿態。對方如果是自己

高中時代的學長或是有某種關係時，當然就可以期待出效果來。對自己公司的上司，或同行的其他公司的上司，這種辦法也可以通用。

事實上，因爲表現出「前輩請幫忙」這種盛情，而得到不少的收穫的年輕人很多。尤其是學生時代，參加過運動會的人都知道；如果被別人稱呼一聲「前輩」時，自尊心就會深深的被觸發起來了。

一邊請教對方，一邊向對方表示盛情，就是引起他人好感的巧妙方法。

136 只要使用「我們」，就可以強調彼此的同伴意識。

心理學家黎溫，曾經做過這樣一個著名的實驗。他先定立三個小集團，就是專制型、放任型、民主型等。並推選一位領袖來領導每一個團體的意識，並作統計調查。

結果發現，民主型的集團，最能夠強烈的表示同伴意識。而且，最有趣的一點是，在這個集團中的話語裏，使用「我們」的次數最多。

我想各位在演講時，一定都已經有這些經驗了。也就是，不要說：「我認爲是這樣。」而應該說：「我們是不是應該這樣做才對。」比較可以使彼此的距離更接近。「我們」的這種表現方式，就等於在說：「包括你」的意思，可以說是促進對方在心理上的參與意識。從心裏學上來說，可以產生「捲入效果」。小孩子們在遊戲時，常常會說：「這是我的東西」或是「我來做」。小孩子們可以把自己的慾望，直接的表露出來。但是，在成人的世界，如果仍然這樣做，不但不能獲得對方的好感，連人際關係也會處理的不好；身在群體時，也很容易變成孤立。

人的心理，說起來是很微妙的。同樣的事情被不同人來委託時，由於說法的不同，我們決定的結果也會不同。有時會拒絕，有時則會說：「好，我試試看」。因此，如果想要讓對方對自己產生好感時，又想要使人際關係維持相當順利時，最好能夠活用剛才所說的「捲入效果」。

137

對對方有不利的消息，如果能說一聲「我真不敢相信……」時，就不會傷害彼此的感情。

當部下犯了錯時，上司這樣說：「我就知道你可能會這樣做」和用另外一種口氣說：「我眞不敢相信你會做這件事」時，這二句話往往會帶來不同的影響。前句話是表示上司在平常就不相信部下的意思；後句話則是對部下擁有期待感。在部下來說，聽到那一種話會覺得很難堪，這就不用多說，大家也一定知道的。一個人心中最痛苦的事，就是自己不能被信賴的時候。

人際關係的基本條件，大致是由信賴、期待、愛情等三大要素構成的。只要能夠獲得這些，即使有或多或少的磨擦，也不會嚴重的造成人際關係的裂痕的。就像感情基礎很深厚的夫妻，也許因爲細故而大吵架；但是，往往到了第二天後，就會相安無事了。

因此，如果有對對方不利的情報時，在親友或自已的同事面前，當然可以毫無顧忌的傳達給對方，然而，如果是交情不夠深的對象，就不能這麼做了。

在這時候，應該先說一聲「我實在不敢相信……」比較好。也就是說，必須要以人際關係的基本條件爲前提。尤其是上司聽到對部下不利的消息時，這種前提更不能忽略。如果你是直接對部下說：「聽說你犯了錯，對不對？」部下會感覺到自己已經得不到別人的信賴，從此以後，和上司的人際關係，就會開始產生懷疑了。

138 在會談中，反覆的稱呼對方的名字，可以提高親密感。

和歐美人在一起會談時，他們常常會說：「你要不要喝咖啡，多湖先生」或「這一點你覺得怎麼樣，多湖先生」等，如此平凡的稱呼我們的名字，會使我們感到很迷惑。說也奇怪，當我們聽到對方這樣稱呼我們時，即使是第一次會面的人，也會自然的湧現親密感來，就好像是已經見過好幾次面的知己一般。其中之一的原因是，我們可以深刻的體認到自己被對方承認的緣故。

在現今的社會中，晚輩要稱呼長輩時，如果連名字都一起稱呼出來的話，反而是有失禮的行為。但是，反覆的稱呼對方的名字，則可以增加彼此間的親密感的道理，我們稍爲了解一下，相信也不會吃虧的。

139

能夠記住對方的結婚紀念日、生日，或特別的日子時，可以給對方留下好印象。

如果太太不提醒說：「今天是我們的結婚紀念日啊！」時，很多當丈夫的常常就會忘記吧，因此，難怪太太們總是會懷疑先生對自己的感情的程度。

能幹的推銷員，常常都會很巧妙的利用這種盲點。他們會在無意間打聽顧客的結婚紀念日或生日，然後記入備忘簿中，等到那一天來臨時，他們就會打一通電話給顧客祝賀：「今天是……」。然而，只是打一通電話的時間，帶給對方的印象實在是很大的。因爲，當自己把這個「特別日子」忘記時，聽到別人却比自己還關心的時候，任何人都會感到很愉快的。

140 褒獎對方的「內在部分」，就可以增加對方的好感。

一個人不論帶有多麼嚴重的自卑感，但是，在某一方面卻都秘藏著強烈的自我陶醉。我這樣說，也許大家會認爲這是不可思議的現象。然而，自我陶醉的範圍是很寬廣的。例如像很會打電動玩具；鬍子留的比別人長、吃飯速度比別人更快……等都是，並不指特定的某方面。

雖然有些人沒有覺察到自己有這些方面的魅力，但是，有些人卻常常在內心特別的關切著。像這種在某方面自命不凡的人，當他們受到別人的誇讚時，心中會因而感到不愉快的人，恐怕是很少見的吧！

對一個看起來很漂亮的女性說：「妳眞漂亮。」時，對方並不會感到特別的高興，因爲，有關這一點，已經是被大家所公認的了，而且，也實在是聽得太多了。

如果是「內在部分」，或是別人沒有發現，以及還沒有被大家公認的優點，你能夠指出來褒獎時，對方的心情一定會很快樂。

平常自己私底下引以爲自傲的嗜好，或是自認爲自己在某方面還不錯的部份，在還沒有被公開承認時，如果有人能夠預先的褒獎時，我們就會對對方產生好感的。

以下我舉一個發生在我自己身上的例子。這是我載著一位朋友在高速公路上發生的事情。一路上交通都很擁擠，以至於車子開的相當慢。然而，想不到這位朋友却對我說：「想不到在這麼擁擠的場合，你這麼善於找機會超越別人的車子，你開車的技術眞棒。」

事實上，我是每天都必須經過這條高速公路的，因此，在什麼時候應該走那一條車道才能開的順利，我自己早就暗中的研究過了。聽到這位朋友的褒獎後，我發覺他很有眼光，而且，自此以後，我即對他產生了好感。

141 每見一次面，就褒獎對方的某一優點時，可獲得對方的好感。

在我住的附近，有一家賣蔬菜的店鋪生意相當好。這家店鋪並不大，店員却有不少。任何時間經過那裏，都可以看到很多太太圍在裏面買東西，因此，當初我就覺得很奇怪。後來，我特地的做了一次實地調查，才知道原來生意興隆的理由何在。

首先，在前廳的店員都不時的向經過周圍的主婦們攀談，例如有「來啊！請坐吧。」這種邀請話，也有比較具體的應付方式。譬如昨天對那位太太已經說了「太太，妳今天穿的衣服眞出色。」今天就變成「太太，今天的蘿蔔很便宜哪！」而以同樣的口氣來招呼對方。他們的店員所說出來的話，每一句都不是隨便亂說的，而是因人而異，而使用不同的褒獎語。

很可能是由於累積了這些話，才會使顧客產生「到那一家店鋪去買東西，都會有人褒獎我，我覺得很高興。」的心理作用，於是，不知不覺的走向那裏的家庭主婦們，就愈來愈多了。

每一次見面，就會被對方褒獎的人，總會喜歡再到對方面前去接受褒獎的，因此，顧客才會源源不斷的前往。這家蔬菜店毫不耐煩的實行這種方法，可能是由於做生意的關係，所以必須直接的褒獎對方才能收效。關於這一點，也是我們所忽視的秘訣之一。

只要一和對方見面，就記得褒獎對方，這是獲得好感的最佳途徑，而且，如果還要再增加幾句稱讚語時，最好就要避免直接說出了，應該稍爲改變一下說話的方式，才能收到更好的效果。如果自己想要嚐試這種做法時，最好多研究別人的拍馬屁的訣竅，而悟出新的方式來。

142

見面的時間過長，還不如次數多，較容易增加親密感。

有些事業是需要常常到客戶那兒走動聯絡的，據說如果能夠經常主動的保持連絡，就是增進營業的一大秘訣。有時候走到客戶的附近去辦事時，也應該順便轉往客戶那兒去探一探，這樣比較能夠把持對方的心理。這類的親密感或習慣性的養成，是一種心理的「學習」過程。而且，一般說來，集中學習不如分散學習所得的效果好。

這種原理稱爲「尤斯特法則」。例如：想要連續看十二小時的書時，如果是在一夜之間開夜車，繼持續十二小時的方式的效果，還不如固定每一天看二小時，而持續看一個禮拜的方式比較好。就像在汽車訓練所接受駕駛訓練的時間，每一天都不會超過規定的時間一樣。這也是爲了想要達到分散學習的成果的。

在人際關係上，想要使對方能夠對自己產生親密感時，最重要的是必須要建立良好的印象，而且要能讓對方體會。在這種努力過程中，如果能夠以分散的方式表現，等對方綜合起來時，就可以使對方擁有強烈的印象了。

通常一般人的想法，都是認爲和朋友通宵喝酒，或者是以長時間來和對方交往，比較可以鞏固人際關係。當然，這種說法雖然沒有錯，但是，只要這種交往不繼續保持下去時，很容易又回到原點。如果別人問你：「你和那個人的關係怎麼樣？」你回答說：「我只跟他見過一次面」或「我偶而和他見面」，這兩種意義應該是不同的。如果是說：「我常常和他見面。」那情形又是大大的不一樣了。從這種例子，我們就可以了解，見面的次數和親密的比例，應該是成正比的。

143 提供對方所關心的情報，是獲得對方持續好感的強力武器。

我有一個朋友，他經常在對方給他的名片背後，詳細的記載一些有關對方的事情。關於他的這種習慣，我以前是以爲他是爲了預防自己的健忘，而將自己行動的意義記錄下來，却一直不知道他的眞正用意。

後來，我才明白他並不是爲了調整人際關係，或者是爲了不忘記對方的面孔等；而是爲了籌畫下一次和對方見面時應說準備的情報。也就是說，在談話中發現對方的嗜好，以及嗜好的類別時，就把它詳細的歸納起來，以便在下次見面時，提供一些對方所需要的情報。

譬如，在第一次見面時，知道了對方對釣魚很有興趣時，在第二次或第三次見面之前，就事先到四處去打聽，而將有關釣魚方面的常識予以收集，等到見面時再提供給對方。對方一看到我們的表現，就可以了解我方也有同樣的興趣，並對我們產生好感。

有關這種行爲，有些人也許會認爲多少帶有一點功利主義。然而，配合對方的興趣而主動的去收集各種情報時，在無形中之中，自己也等於吸收了這種知識。從結果看來，形式上似乎是給對方的，其實却是給了自己。

換句話說，以長遠的眼光來分析，不僅增加自己的自我表現，同時，也可以使對方對我方的好感繼續持續著。

144 禮物最好不要只以對方為目標，若以對方的家族為目標，較能增加好感。

當ＥＴ電影正在社會上受到極大的好評時，有一位先生要去朋友家拜訪時，特地買了ＥＴ的娃娃送給朋友家的三歲和五歲的小孩。二個孩子都非常高興，以後他們就把這位先生稱爲ＥＴ叔叔。每當ＥＴ叔叔來時，就受到熱烈的歡迎。在這種情形下，就和朋友的家人處得很熱絡。

類似這種事情，我想也曾經發生在各位的身旁吧！雖然並不是「欲射將，先射馬」的意思，但是，當我們想要送禮給某一個幫助過我們的人時，最好不要以對方爲目標，如果能夠選擇他的家人會喜歡的東西，對方就會對你產生較強烈的印象。而且，像這種送禮物給他的家人的方式，往往會達到交往進一步的效果。二個人之間，如果是透過工作的關係，已有半正式的交情時，也可以用禮物來得到對方家人的好感，這時候就可以突破成正式性的交往，同時，也可以培養出私下更深的親密感。舉一個簡單的例子：如果你在送禮時說：「這東西是給尊夫人的」之後，往往他太太對待你的方式也將會不一樣，並且，會對你產生親密的印象。

然而，這類禮物的選擇，應該要能夠使對方的家族在看到之後，多多少少的感到出乎意料，才會表現這種送禮方式的價值。例如：新年期間到客戶家裏拜訪時，也順便給對方的孩子紅包的表現，由於這是傳統中的禮儀，就沒有所謂的驚奇效果了。

145 所送的禮物，若和對方過去送你的禮物相似，對方會比較喜歡。

每當有人送我禮物時，我都會把那樣禮物記起來。等到將來有機會時，就打算送相似的東西給對方。例如有人送我陶器，下一次我要回送他時，就會選擇陶器中更稀奇的東西當禮物。

我們在送禮時，在無意間總會以自己喜歡的東西爲基準來選擇送給對方的禮物，這是人之常情。因此，當我們準備回送禮物時，最好能夠參考上一次對方所送我們的禮物的種類來選購，對方就會因爲我方的細心，而產生更好的印象的。

146 表示感謝時，最好不要用電話，應該採用寫信的方式。

由於電話的普及，我們時常會忽略了寫信的作用。想要使對方留有強烈的印象時，當然寫信的方式比較有效。尤其要向對方傳達我方的謝意時，電話和寫信這二種效果，實際上是有天壤之別的。

第一個原因是，寫信比電話費時間，而且，寫信比較能夠把自己的心意完全傳達給對方；同時，又可以保存的長久些，對方可以有機會再三的覆唸，所以印象比較不容易淡薄。寫信可以發揮強烈的視覺印象，對方一面讀時，一面可以揣摹我方的情景，或是猜測我方到底在什麼樣的心情下落筆等等，因此各種印象就會擴大起來。電話的視覺印象，實在比不上寫信，寫信還會留下餘韻，更何況寫信人的心情，也比較能夠傳達給對方。

另外，在電話中很不好意思說的話，也可以在信中表現。例如：「先生對我的恩情，在下沒齒難忘」等，無論多麼深厚的感恩表現，也可以堂而皇之的寫出來。

和電話比起來，信的內容的緊密性和深度，也可以增加對方的印象。假定在電話上要說三分鐘的內容，若寫在信上時，就會出現相當的份量。也就是說，電話上的交談，容易變成冗贅稀薄；但是，信（尤其是明信片）就不會有這方面的毛病。

信由於篇幅的限制，字數自然也受影響。以有限的字數，把心中所要表達的謝忱表現出來，所使用的文字的緊密性，自然會增高。就好像文章一樣，必須避免囉嗦的寫法，而以簡單扼要的詞語表現出來，因此，所欲表達的印象自然會集中起來的。

147 想要縮短和女性心理上的距離時，只要直接稱呼對方的名字就可以了。

男女間交往的時間愈長，稱呼的方法自然而然就會有所改變。一開始當然都連名帶姓一起稱呼，可是，隨著交往的時間愈久，慢慢的就會變成只稱呼對方的名字了。事實上，稱呼對方「金小姐」時，還不如稱呼爲「蓓蓓小姐」，比較可以表現出親密感。在別人面前，如果一個女性敢直呼一個男子的名字時，那麼，這對男女的關係，應該是可以達到訂婚的階段了。

另外，雖然已經彼此約會過數次了，但是，女方却還沒有什麼特別的反應時，如果你能夠大膽的稱呼她「××小姐」時，二個人心理上的距離就會出乎意料的縮短；而且對方也會向你表現親密的態度的。

148 想要使別人認為你是「善體會的上司」時，有時應該和年輕的部下一樣地穿起鮮明的服裝。

最近的年輕人，在說話時，很喜歡批評某某人是「阿公型」或「阿婆型」。這裏的「阿公型」和「阿婆型」，到底具有什麼樣的意義呢？根據調查，似乎不是以年齡方面，而是以對方的服裝或講話的口氣來判斷。也就是說，如果一個年輕人的穿著不適合自己，或是不能配合流行的服裝；以及說出來的口氣，不屬於年輕人的用語時，不論他的年齡如何？想法如何？若這種人已經表現出與衆不同的趨向時，就會被冠上「阿公型」或「阿婆型」的稱呼。

若想要消除被年輕人的排斥時，却只致力於想要和他們共度時間或空間時，往往是白費心機的。倒不如和他們共同擁有相同點，使他們知道自己是可以和他們溝通的。

舉例來說，某一個公司的部長，在某一個週末，突然穿著起和年輕的部下們一般的鮮明服裝。本來大家對部長都是採取敬而遠之的態度，自從那一天起，大家就改以輕鬆的心情主動的與他商量事情了。這是因爲有鮮明的服裝爲共同點，而成功的使部下產生親切感的緣故。

因此，如果你希望使年輕人認爲你是一個能夠溝通的人時，必須像這位部長一樣，乾脆穿起和年輕人一般的鮮明服裝，然後才能接近年輕人的集團，而了解年輕人的想法，這是一個很重要的關鍵。

149 想要解除對方的警戒心，就要假裝偶然。

常常見面的朋友，有時在意外的地方相會時，就會聊的特別起勁。且彼此會一直感慨說：「眞是碰巧」或「這個世界眞小」，而高興的強調這種偶然的意味。兩個人刻意的在維持這種氣氛的原因，是彼此都不希望對方產生警戒的心理。

偶然的會面，並沒有什麼直接目的，大家在心理上也沒有事先準備，因此沒有需要提高警覺的理由，所以才會構成這種輕鬆的氣氛的。例如：戀愛故事的模型，常常是以「偶然的再相會」爲主題的比較多，這是由於沒有包含警戒心的男女，比較有助於再度墜入愛河的。

在彼此相同的立場上，如果有一方故意的詢問對方時，對方就會有某種程度的緊張，而做出心理上的防範措施。如果是不太相識的對方，這種僵硬的感覺，往往無法平復。很精通於人類這種心理上的防衞機能的老練推銷員，雖然他第一次並沒有獲得客戶的首肯，但是，在第二度的拜訪時，他們都會假裝很偶然的表示：「我恰巧到這附近來推銷東西……」，這種順便推銷的方式，往往可以獲得意想不到的效果。

像這種假裝偶然的技巧，不只是限於在拜訪時可以解除對方的警戒心，也可以使用在生意的關係上。例如有人拜託你去從事某種和過去不同的性質的工作時，如果你能夠加上一句「這種業務我曾經在過去的公司中做過」，對方就會對你這種偶然感到放心，而完全把工作交給你。

150　有時候走到部下的位置講話，就可以使人產生「容易與人溝通」的印象。

日本的本田技術公司，可以說是一家很特殊的公司。部下們常常會不在乎的把上司叫到自己的座位處，甚至連總經理也會隨意的走到部下的地方。本田公司之所以充滿活潑的氣氛，可以說是由這裏產生的。

上司的座位，不論怎樣的公開，都還是帶有「權威領域」的意味，這是不可否認的事。如果是董事長室，那就更嚴肅了。把部下叫進董事長室，和董事長親自走到部下的位置來，二者的意義是完全不同的。

自己親自走到部下的座位，就是表示放棄了「權威領域」，而以平等的立場和部下講話。因此，部下也會產生「容易與人溝通」的良好印象。

151

自己的優點，如果能藉「第三者的話」來表現時，別人聽起來比較愉快

在第一次初見面的人或交往不深的人面前，介紹自己時，最感到困難的地方，就是在於說明自己的優點時，往往會讓對方誤認爲自己很自誇，或是聽起來有不愉快的感受等。如果是這種情況，不但無法傳達自己的優點，反而會使對方不愉快。

這時候，最好是採用「有些人都這樣說」的技巧，把有關自己的優點，借第三者的話來表達，使用這種方式時，則含有「自己並不以爲然，但是……」的意味，所說的話會帶有客觀立場。當然，這樣一來，就不會讓對方感覺自己有驕傲的表現，或是使別人聽起來不高興，而是會使對方聽起來感覺愉快的。

152

在整齊的服裝中，稍為露出一點零亂，反而可以增加親切感。

日本東京大學的心理學教授高木貞二先生，他被認爲是一個很講究服裝穿著的人。他經常都穿著一些很得體的服裝，而且也穿的很整齊；但是，手帕却很隨便的插入口袋。即使如此，整個人仍然令人產生好感和親切感。

從心理學上來說，應該是穿的愈整齊的服裝，愈會帶給別人好感。然而，如果過分整齊時，反而會令人有難以親近的不利印象。

像這樣過分整齊的裝扮，容易使人產生排斥感。因此，想要把排斥感轉變為親切感時，最好還是像高木先生一樣，下意識的造成一個零亂，就會使人認爲這個人的心情鬆弛。這種「零亂」，就好像我們對高木先生的感覺一樣，很容易使人產生人性的溫暖！而感受到親密印象的。

我以前當招考協商專家的口試官時，曾經發生這樣的事：對幾個應考的人，很容易判斷出那一個好，那一個差一點。每個人都相當有能力，但是，最後我們口試官只選出一個人。這個人的衣服穿的很整齊，只有領帶結的斜斜的，因此，我們對他就產生了好感，認爲像他這種人，一定可以了解別人的苦惱，很適合當一個協商人員，因爲有這種印象而做評判。

153 有時採取較粗暴的行為，可以使緊張的對方的心情放鬆。

想要和第一次見面的人做全面性的採訪時，我們常常會發現那些人非常的緊張，通常都坐得很端正的等著我們。也許是他們都知道我是大學教授，所以才特別的緊張。但是，我想這樣一來，不管我問些什麼問題，他們可能都會以公事性的答案來作答，這是無法達到採訪的目的的。雖然如此，但是，如果我說：「請各位不要那麼緊張。」的話，也不太好。

於是，在這種情況中，我都會隨隨便便的坐下來，把外套和領帶都脫掉，而且把桌上放置的餅乾，順手就往口裏塞等，故意做出粗野的動作。看到我這種態度後，在場的許多人都很吃驚，並且立刻放鬆心情。

和這個做法完全相反的，就是下面的例子。譬如，讓公司的董事長和全體職員都坐在會議桌的兩側，一直等到我的駕臨，我站在會議桌的正前方說：「各位，我們今天不要太拘束，大家有什麼意見，可以儘量提出來」。但是，我認爲在這樣的場合下，反而沒有人敢說出眞話的。

當對方正在緊張的狀態時，除非能夠完全解除他的心理壓力，否則，絕對不可能產生親切感的。想要解除這種壓力，必須自己和對方在心理上都能夠站在同樣的立場。如果自己自動的把心中的「禮節」去除，而以隨隨便便的態度表現在大家面前時，對方也一定會解除自己心中的「禮節」才是。因此，在這種情況下，有時候應該表現一種被公認的粗野動作來。

154

隨和的語氣，容易給人親近的印象。

部下如果對上司說：「這是怎麼搞的！」時，一定會被認爲太盛氣凌人；但是，如果是上司對部下說：「這次的工作，我們一起把它幹完，怎麼樣？」時，效果就完全不同了。平常很嚴肅的上司，只要他說出這種話，馬上就可以解除部下對他的嚴肅印象。反而認爲上司是個很能夠溝通的人，而想要親近上司的。

有些人因爲在無意間時，使人產生了過分認眞的印象而吃虧。然而，如果這些人能夠特地的使用一些比較隨和的語氣時，我想可以算是一個可行的辦法。至少別人在發現他的隨和時，會改變以往對他的印象。

155 想要表示和某一家公司很親密，應該穿起適合於那家公司的服裝。

雖然我不善於區別，但是却知道最近年輕女性的流行服裝，有的是走新潮的路線，有的是屬於古典浪漫型等，而且，每個人的髮型以及身上所搭配的東西都不一樣。然而，聽說新潮式的人會和新潮式的人在一起，浪漫型的人又會和浪漫型的人在一起，造成一個個小群體，這可以說是心理學上的「同調化」的最好例子。因爲大家都覺得和周圍的人採取同樣的行動時會比較安心，因此，穿著同樣的流行服裝的女孩，彼此總會有親密的感覺。這從某一個意義來看，是理所當然的現象。

服裝很相似的時候，就會令人感到親密，這並不是只限於女性而已，男性也是一樣的。在某一種職業場所或某一家公司服務時，在服裝上也有共同的傾向。

從這個道理來看，如果一個新進的職員想要早一點融入新環境時，就應選擇適合於那個職業場所的人所穿著的服裝，這也是一種很重要的自我表現法。尤其在穿著粗糙衣服比較多的大衆傳播業界的場合，你自以爲是新進的職員，於是就天天穿西裝結領帶時，大家反而會對你產生反感，而認爲你是一個自負的人。

內行的採訪員，往往都會依照採訪對象的不同而改變自己的服裝。這是因爲他們都知道，共同的服裝可以傳達親密感，而使對方打開心門講話的。

156 到外地出差時，若能買一些土產回來送給同事或上司，較容易得到好感。

這是我從某一家大公司的部長那兒聽到的。聽說他派部下出差時，除了一些經常出差的人以外，其他的人也都會露出很高興的表情。這不只是因爲能夠離開已經坐膩的辦公室而到另一個陌生環境的緣故，同時也是因爲即將可以獲得較新鮮的心情。出差雖然也是要辦公事的，但是，心中有一半的情緒是被「旅行」所牽引的。

這時候，身邊的同事或上司的心境，雖然外表看不出來，但是內心一定會很羨慕的。因爲一提到旅行，一般人的心中總會湧出「奢侈的遊戲」的印象。

所以，出差的人，如果對其他的人的羨慕，若沒有以某種型態來補償時，周圍的人可能會因此而不能原諒你。

有些人常常說：「出差就是執行公務。」爲了公務而旅行，也就不需要買禮物。這種道理沒有錯，但是，如果像前面所提到的事例，沒有買禮物回來時，可能就會引起別人的反感。

即使是出差旅行，也能爲同事們或上司帶一點小禮物回來，大家就比較能夠原諒你，也會對這個出差回來的人產生「這傢伙想的眞週到」的好感。

157 想要解除對方的緊張，最好故意表演一些小失敗。

我到外地演講時，常常發現一旦進入會場後，就會感覺到聽衆的緊張氣氛，這可能是被我的頭銜所造出來的緊張感吧。但是，我一向認爲在這種氣氛下不適合演講，於是，我的演講都會先致力於打破這氣氛後再開始。

我常常故意向著麥克風打噴嚏，或是故意表演差一點跌倒的樣子等，故意在大家面前表演一些小失敗。這樣一來，聽衆都會對我產生親密感，也許他們覺得原來我和普通人並沒有兩樣。於是，表演過這些小失敗後，演講就可以順利的進行，我也比較容易表達了。

這種稍爲表演一些小失敗的方式，對打消第一次約會的緊張感，可以說很有效。看到別人的失敗或弱點時，對方往往會產生一種輕視和同情交織出來的溫馨感。也就是說，看到對方失敗時，緊張也會消失，而產生「像這種有缺點的人，我也可以和他交往」的心情。自己失敗時，對方往往會認爲：「這個人是和我同等的。」因而感到安心。

不只是表演「失敗」，有時也可以故意帶起一副快要掉下來似的大眼鏡，這也是一個好方法。不論如何，如能使對方產生輕度的優越感，對方的警戒心就會鬆弛下來，親密度也會加強的。

158

比較不善於說話的人，最好佩戴一些與衆不同的小東西。

不善於詞令的人，因爲礙於自己的缺點，所以，當和別人見面時，很容易就會一直保持沉默。然而，無論如何，如果你一直保持著沉默，只會讓別人有陰氣的感覺，而無法做到充分的自我表現。有時也會因而令場面變的很冷落，而使對方感到不愉快的。

自己眞的想不出話題時，如果能夠佩戴一些與衆不同或比較稀奇的東西，也是一個好辦法。這樣一來，對方就會先製造話題。例如，你帶著很特殊的提包或手鐲時，別人就會先問你：「這些東西在那裏買的呢？」那麼，你就會回答：「我的朋友到義大利旅行回來時買給我的。」「喔！義大利的。二年前我也去過義大利一次……」因而變成連續不斷的會話來。

不管是怎樣不善於說話的人，只要對方先問，應該是不會難以回答才是。於是，就在這樣的會談下，就可以醞釀出和諧親密的氣氛來。不善於說話的人，也會在不知不覺中說起話來的。不善於說話的人，尤其是在第一次見面的人或長輩等會造成緊張氣氛的對象面前，最不容易將話表達淸楚。

因此，像這樣帶著可以使別人提供我們話題的小道具，也是一種自我表現的巧妙方法。

不過，這類的小道具，應該要注意選擇能夠使對方容易製造話題的東西才對。否則，無論怎樣稀奇的東西，也是「英雄無用武之地」的毫無意義。

159

經常使用「專利的話」，就可以給人強烈的印象。

日本作家開高健先生，聽說他在打電話時，一開口就會說：「我是可憐的開高。」這種以可憐的形容詞，來讓編輯者了解自己因爲寫稿而呻吟的情況，以增加別人對自己的印象，也想因而引起編輯者的同情。由於他的這句話，使得本來想要向他催稿的編輯者，反而不好意思催他，而是配合著開高先生的情形。

開高先生是否有計劃而想達到這種效果，我們是不得而知的。但是，他並不說：「我是開高。」却增加「可憐」二字，而變成「可憐的開高」，因而使對方產生強烈的印象，這是不容否認的事實。

另外，優秀而著名推銷員，在平常往往會打電話給客戶，使客戶能夠增加對自己的印象。他們在第一句話，一定會以爽快的聲音向客戶問：「您好嗎？」對方聽到這句話後，就會知道「原來是那位推銷員打來的」，而認爲這個人是誠心誠意的打電話過來的。

像這樣累積，才會使這位推銷員有良好的業績的。自己所講出來的話，都已經在對方的腦中留有「專利」一般的印象時，就可以加深他人的印象。對方自然而然就會對自己抱有親密感及好印象的。

160 方言可以視同增加他人對自己的印象的「專利商標」。

演藝界有不少的演員，都是利用自己的方言來提高自己的身價。這是一種相當有效的做法。因爲近代以來，世界上絕大部分的人，都是使用標準語言。所以，如果有人使用方言講話時，自然會給對方留下強烈的印象來。

因此，如果帶有某地方腔的人，最好不要改掉，這是一種以自己的「專利」來推銷自己的方法。方言給人的感受各有不同，例如，東北腔有溫暖的感覺、關西腔給人親密感，各地方腔都有給人各地方的印象。這種印象交疊起來，應該可以影響你在別人心目中的印象的。

161 表演「小惡」，有時可以製造出很大的魅力。

最近，國中學校經常發生以小領袖爲集團的校內暴力事件。然而，這些小領袖集團，平常在小孩子之間，也不一定是被討厭的人物，反而有的却很有人緣。

這在大人來看，也許有一點奇怪吧。因爲他們並不是眞正的壞人，其實一個一個分析時，他們很多都是坦率又活潑的小孩。他們對同伴所規定的約束，都會站在義理上來遵守。這些孩子們，有時會故意的反抗老師或觸犯校規，這可以說是故意僞裝的「惡」。這是他們得到人緣的秘訣。

對擁有「惡」的個性的人，會產生有魅力的印象，也許不只限於小孩。對男人來說，「善女」不如「惡女」來得有魅力。在女性認爲，認眞的男人，不如帶有一點危險性的男人，比較具有吸引力的。

爲什麼人們會對這種擁有「惡」的個性的人會感到魅力呢？其中的一個理由是，因爲他們超越了習慣、道德或法規的範圍。也就是說，他們有敢去突破的勇氣，而不拘泥於某種習慣、道德或法規的「自由」，才會使人感覺到他們有更廣濶的人性和潛能。因此，如果能夠把握住這種人心理的反叛性，而表演出「小惡」時，就可以造成很大的魅力了。

162

有時故意的傷害對方，會使對方感受到強烈的愛情火花。

也許我的說法稍爲有點專制和偏狹，但是，我認爲不會吵架的夫妻，實在是很冷淡的夫妻。

有時應該打打架，才能夠充分的表現出愛情來。當然，我必須在這裏聲明一下，有一些習慣於使用暴力的男人，就不適於此例。除了這種人之外，凡是有愛情者，才會偶而打打架。

我曾問過一些小學的老師，他們都回答說：「有相當多的小孩，却是很喜歡老師更嚴格的罵他。」也就是說，該罵的時候不罵，孩子們就會敏感的認爲老師對自己的愛不夠。他們之所以會認爲「某某老師很冷淡」，是因爲那位老師對學生太客氣了，而沒有考慮到學生的心情。

我絕不是贊成老師加強體罰；但是，我必須強調這種愛的表現，並不是一味的體貼和寬容，有時應該傷害對方，才能表露深情的。

在一般社會中的人際關係，情形也是如此。由於是很親密的朋友，才可以毫不在乎的說出會損傷對方自尊心的言詞。因爲，當他們說出對方的缺點，並直接指責出來，而且又隨便的罵對方是「傻瓜」時，才是表示對對方已經有很深的信賴。換句話說，當彼此都可以說對方是「傻瓜」時，那就證明他們之間已經有互相依賴的心理了。而且，能夠積極的傷害對方時，才能製造出更良好的關係。若不超越這種階段，是不會爆發出愛情火花的。

163

談及「隱私」時，最好說出失敗的例子，而不談得意的例子。

男人彼此想要建立更親密的關係時，最快的方法就是談及「隱私」。只要一說到這些，彼此馬上會產生親密的同伴意識來。尤其在談及失敗的例子時，效果更大。因爲有關性的方面，一般都是屬於私人的秘密，是不能正式公開的。但是，如果你把自己的秘密公開出來，就等於是從不自然邁入自然的交往了，把對方和你的關係拉近，由非公開邁入公開的階段。不過，同樣的「隱私」，如果像花花公子一樣，只談及自己得意的部分，就會引起反感的。

164 在婚禮上主持演講時，最好走到可以看到整個會場的地方較理想。

我常常看到一些被請到結婚典禮中致詞的人，總是站在自己的位子上，背對著很多的來賓演講，我認爲這種講演方式是不會成功的，因爲在基本上，他講話便缺乏魄力了。

這種背對著多數人的演講，只能依賴聽覺而已。人類是視覺的動物，常常會依賴視覺來獲得情報；因此，不重視這種視覺效果的自我表現法，當然會令人感到不滿。因此，如果有人要請你出來演講時，最好是走到可以看到全體來賓或新郎新娘的位置，這樣才容易增加印象。

第五章　強調自己的明朗度的自我表現術

——表現出「清爽度」、「明朗度」

本章的序

數年前，有一位正在經營公司的朋友向我提出：「我正在募集人員，你有沒有適當的理想人材？」的問題。由於我的學生中，有人符合條件，於是我就要他去應考。在應考後的當天晚上，我的朋友特地打了一通電話來，當我拿起電話時，我還以為他已經被錄取了，沒想到情況卻相反。他說：「這個孩子雖然有才華、人品也不錯，就是帶有一點陰氣的感覺，所以認為並不適合。」我聽完他的話後，也表示同感，因為這個孩子，平常在說話的時候，習慣極小聲來應答。

我再度向他拜託，希望再給他一次機會，再次決定錄取與否。另一方面，我則給這個學生暗示，希望在下一次的面談中，要特別的大聲說話。結果，我的朋友說：「這次和他談話後，才發現他的個性非常明朗，第一次可能是過分緊張的緣故」，最後終於決定錄取他。

我們常聽到有些人說：「某某人的個性很明朗」或「那個人的個性很憂鬱」。但是，給人明朗和憂鬱的印象並不是由那個人的個性造成的，而是受到自我表現方式所左右的。

換句話說，只要改變自我表現法，任何人都可以將自己改變成「明朗的人」或「憂鬱的人」。

這種利用自我表現法來改變印象的事，其實，任何人在日常生活中，都有過這種經歷的。例如，我們在參加別人的喪禮時，應該是不會有人穿著華麗的衣服或露出笑容吧。一般說來，大家都會帶著沉痛的心情，服裝也會選擇黑色，這是一種禮儀，也是為了對正在傷心的喪家表示禮貌，所以我們才表現出「憂鬱的表情」。相反的，如果是參加別人的婚禮時，在服裝方面通常都會選擇明朗又華麗的趨勢，這是為了表現出「明朗的表情」。

黑暗，容易給人無力的印象，然而，如果太過分時，就會產生不潔感。例如在嘻笑時，若牙齒附著食物的殘渣，則無論是多麼美麗的女人，也會破壞無遺吧。因對方不潔而產生的厭惡，也許只是生理上的感受而已，但是，接著就會使其他方面的印象也受到影響。相反的，如果一個人給人有整潔的印象，任何人對他都會有好感以及信賴感的。

本章中，我們談了一些製造明朗度或清潔感的方法。因法，各位讀了以後就可以了解，在有些地方，別人給你的印象有好、有壞。

165

「能不能先向對方打招呼」可以分辨出你的個性是明朗或憂鬱型的。

我在美國的加里福尼亞大學擔任客座教授時，在校園碰到的每一位女學生，都會露出笑容和我打招呼。她們這種打招呼方式，不只是對我，甚至對任何人都是一樣。因此，有很多男孩，甚至認為對方是對自己有好感；事實上，她們都是使用非常爽快，又很明顯的打招呼的方式，對任何人其實都是一樣的。

在歐洲的大飯店裏，連在電梯中互不認識的人，彼此也會以輕鬆的笑容來打招呼的；這實在是使人感受到人性溫暖的一面的。

像這樣接受到別人的打招呼時，心情總是會很好的。畢竟，打招呼是一種承認對方和尊敬對方的表現。當自己被別人承認時，心情總是比較好的，這是人之常情。而且，在這種打招呼中，如果帶著笑容時，就會給對方更深的印象；因為笑容是一種親密的承認對方的表現。

因此，碰到每一個人時，都會以輕鬆的心情來打招呼的人，就好像是做「我可以接受任何人」的宣言一般。對這樣的人，會產生反感的人，應該是沒有吧。通常這種人都會使人有心地很寬濶、開朗的印象。相反的，即使相遇也不打招呼的人，或是等別人招呼後才還以招呼的人，就不會給人開朗的印象了。所以，能不能先向對方打招呼，就可以分辨出這個人的個性是開朗或憂鬱型。

166 最後的招呼若能表現好感，別人對你的整個印象就會更好。

結束到別人家的拜訪時，若對方在我們剛剛離開大門之後，就用力的把大門關起來，常常會使人心情感到不愉快。另外，聽那些長期間擔任口試官的人說：「有相當多的學生，雖然考得很不錯，但是在最後關頭，却不能好好的打聲招呼再離開，因此就破壞了考試官對他的印象，這種學生實在不少。」相反的，在離開之前若能說：「謝謝您，我要離開了。」像這種學生，口試的成績雖然不理想，但是，給人的印象感却是相當好。

這並不是意味著「只要最後做好，一切都可以算好」，不過，這種最後的招呼，往往會改變對方對你的印象。這和人的記憶功能相似，當一個人要記憶一連串的東西時，這些東西是彼此互相影響的。在記憶一件事後，打算記憶下一件事時，若出現了一種逆向抑制的東西，就會妨礙記憶的進行。因此，最後打招呼態度的好壞，是可以決定整個口試印象的好壞的，這可能是這種逆向意識所造成的緣故吧。這就是所謂的「最終效果」。

在拳擊比賽時，在鑼聲響之前，如果能有漂亮的打擊，只要看到一次，整個比賽好像就佔了優先一樣。我們在臨走之前的打招呼，也就好比是拳擊賽中的最後一回合，兩者是有相同的效果的。

167 在一般例行的問候後，若能夠再加上自己的感想，就可以縮短心理的距離。

在美國，每個星期六和星期日，都會舉辦一次從各國來的外籍研究者的交流會。在這種集會中，一定會舉行演講會，但是，很遺憾的一件事是，國人的演講能力最差。這並不是說國人的語言能力最差，事實上，比國人更差的人相當的多。別的國家的研究者，一開始的打招呼就別出心裁，而且還說了一些自己的親身體驗的感想，因此他們講的很不錯。

反觀國人的演講，却只是以一種像錄音帶式的廻轉，而內容使人聽起來很無聊。

或許是民族性的緣故，一般說來，當國人跟第一次見面的人或交情不深的人講話時，往往都講一些不會刺激他人的內容。例如，在打招呼方面，大多是說：「今天天氣眞好」或「今天天氣很熱」就結束了。像這種錄音帶式的千篇一律的會話，當然無法期待對方有特別的印象。

因此，如果在「天氣好熱」的後面，能夠再加上一句：「昨晚因爲太熱，我始終無法入睡」等，加上自己的感想或經驗等，效果應該會更好。這樣一來，對方對你的印象，也會有所不同的，可能會產生一種親密感，甚至會感覺到有一種開朗的氣氛的。

像這樣把自己的感想表現出來，就是一種自我表現。

168 打招呼的聲音放高一點，就可以強調明朗的印象。

下面的事，是我從某一個企業的專員口中聽來的。聽說他在訓練新進人員打招呼時，他都會指示大家使用比平常更高一點的聲音來傳達。例如，平常的聲音如果是Do的音階時，那麼，就應儘量發出Me的聲音來。因爲使用太低的聲音，容易使顧客產生不愉快的印象。我聽到他的話後，覺得很有意思。

如果想把自己表現得更開朗時，在打招呼或回答方面，應該要使用比平常更高的聲音，才能夠表現精神飽滿的神態。只要運用這小小的技巧，別人對你的印象，就會大大的改變，並重新估量你。

169

談到有關自己的事，不但要謙虛，對於「不利己」的話也不要說。

有些人在會話時，常常會這麼說：「像我這種低薪水的人……」或「你也知道我是個不中用的男人……」等，總是故意的貶抑自己。也許說的人認爲是自己的謙虛，但是，爲了不讓別人看不起自己，有關「薪水很低」或「不中用的男人」等這些「不利己的話」，最好還是少用爲妙。

雖然偶而使用是無傷大雅，但是，一旦說出這種對自己不利的話後，根據我們的觀察，往後這個人仍然會不斷的強調這種事情。

一開始並沒有注意到這些話的人，如果每次見面都聽到對方重複的強調這種否定自己的言論

時，就會慢慢的對他產生厭惡感，因爲，到了後來，往往就會認爲這個人並不是謙虛，而是一個眞正不中用的人。這是心理學上所謂的「累積暗示效果」。如果我們常常對自己的小孩說：「你這個傢伙眞沒用」時，這個孩子也許就眞的以爲自己非常的不中用，將來可能眞的就變成一個沒有成就的人了。由於經常聽到。因而以爲自己眞的是那種人，這是每個人都會有的心理傾向。

因此，說出對自己不利的話時，不僅對自己沒有任何好處，還會給人不好的印象。

170 神神秘秘地小聲說話，容易給人陰氣的感覺。

在我的學生中，有一位成績相當優秀，人品亦不錯的男生，但是，在就業考試時，本來認爲他一定會順利過關的，沒想到却遭到淘汰的命運。根據本章一開始所敍述的理由，我們也了解他的失敗原因在於說話的表達方式不佳。這位學生的聲音特別小，在口試測驗中，也是以很小的聲音來回答，所以就被視爲是陰氣的人，並使得口試官留下不好的印象，後來我要他注意這一點，能大聲應答。結果，他終於得到了這份工作。

像這種神神秘秘的說話方式，容易給人陰氣的印象。雖然有時候不至於這樣糟，也會使人認爲說話者缺乏自信。因此，即使自己所說的內容多麼豐富，也不容易傳達給對方，終於遭受滑鐵盧的命運。

我們常常聽到，在會議上，只要是聲音比較大的人，往往會得勝。的確，聲音大的人所講出來的意見，大家都會比較注意。而說話大聲的人，總是比較能夠影響別人的思緒。因此，換句話說，大聲講話的人，自然而然地會帶有說服力；而且，說話能使人聽起來很清楚時，也會給聽的人極好的印象。

在演講中，如果我當天身體不舒服，或有畏縮、退却的情況時，爲了避免演講內容的效果受影響，我都會故意用較大一點的聲音來表達。如果一個演講者在一出場後就表現出儒弱的聲音時，即使有多麼豐富的內容要敍述，大家也沒有興趣傾聽的。其實，以大聲來講話的方式，也是一種增加自己信心的自我啓發方式。

171 以電話連絡時，儘量以帶著笑容的聲音來講，就會製造出感覺良好的聲音。

在我的朋友中，有一位是心理學家，他常常以打電話的方式向人道謝，並以最敬之禮來表達。這種沒有辦法使對方瞧見的方式，也許各位會認爲這種行爲毫無意義。但是，其實並非如此。

因爲，每個人都有辨別聲音變化的能力。在行禮時，姿勢有了變化，當然聲音也會有所改變，所以，對方一定可以了解我方正在表達什麼的。

從這種情形來看，在電話中的聲音，是無法刻意的矯飾或欺騙對方的。因此，想要利用電話把自己的好印象傳達給對方時，最好能夠帶著笑容講話。帶著笑容時，聲音自然而然就會變得很活潑明朗，使在電話那端的聽者，也會覺得心情愉快。

172 聲音又尖銳又高昂的人，如果說話的速度放慢些，就不會給對方不快感。

據說某一位評論家，每當在電視上演講時，都會故意的把說話的速度放慢，因爲他的聲音又尖銳又高昂。

老實說，又尖銳又高昂的聲音，聽起來難免會有輕浮的印象，這是不可否定的。所以，這樣一來，即使有豐富的內容，也無法擁有說服力的。而且，連續發出又尖銳又高昂的聲音時，聽者在心理上或身體上，都會比較容易疲勞，因而感到不愉快。然而，這種又尖銳又高昂的聲音，如果能下意識的把講話速度變慢，就會變成比較悅耳，給聽衆的印象也會不一樣的。

173 穿著鮮艷服裝的人，個性也會比較開朗。

日本作家宇野千代女士，雖然已經八十五歲，但是，看起來比實際年齡年輕很多。而且，她的腦筋仍然很清晰，對創作活動非常有興趣。然而，宇野女士看起來會這麼年輕，可能是因爲她在穿著方面的突破，而使人有年輕的感覺吧。聽說她還準備在九十歲的生日宴會上，穿更華麗的晚禮服，而且還要化粧。她一點也不拘泥於社會上所說的「老年人應該穿老人式的衣服」。另外，由於她也擔任日本和服的設計師，因此，常常會穿著很得體的衣服出現在電視上，這也是引起好感的原因之一。

我們在前面已經提過，服裝在心理學上被當成「延長自我」的工具，也就是可以表現那個人的一切。因此，對於一個人的印象，一般都會受其所穿服裝所左右的。我們常常可以聽到「不能以服裝來判斷人」這句話。由此可見，一般人都是從外表來評斷的。也就是說，只要從服裝來分析，那個人的印象就會被決定爲某一類型的。

換句話說，如果你想要使別人對你產生明朗的印象時，你應該穿起更鮮明、活潑的服裝。如果想要使別人對你產生憂慮的印象時，儘量穿著暗色系列的服裝就可以了。因此，如果宇野女士穿著老人式的服裝時，大家對她的印象，也會大大的不同的。一向被周圍的人認爲明朗、活潑的人，常常會爲了應付周圍的期待，而產生明朗的行爲來的；也就是說，穿著鮮明又活潑的服裝，不管在室外或室內，都可以製造出明朗、活潑的效果。

174 把皮膚曬成棕色，可以給人一種健康的感覺。

一些像「白面書生」的人，由於皮膚很白，即使身體非常健康，也容易給人一種懦弱的感覺。有時候，這種感覺也會變成「憂鬱」的印象。

在最近的就業考試中，聽說擁有白皮膚的人，都故意利用紅外線來曬成棕色。這雖然是一種投機取巧的方式，但是，他們的這種做法，也是爲了加深他人對自己的印象。據說這種效果是相當可觀的。

擁有棕色的皮膚的人，看起來很像運動家，

他們會帶給人一種健康的感覺，使人聯想到個性方面的開朗，這是一種必然的現象。

175 與人見面之前，不只是在鏡子前面整理服裝，也要確認一下自己的表情。

任何人都會在和重要人物見面以前，特地的在化粧室檢查一下自己的領帶有沒有歪斜，或是整理自己的服裝等，但是，我想很少人會確認自己的表情的。

有關這方面，聽說在舞台上的演藝人員，在自己的節目開始之前，一定會在舞台後的鏡子前，先確認一下自己的表情。對他們來說，表情是最重要的道具之一，因此特別的重視。他們這種週到的做法，我認爲一般人也應該學習，以便認識自己的神情。

我們大家都非常熟悉自己的臉，但是，其實有些人却不一定眞正的了解。因爲，自以爲是最好的笑容，別人有時候却只感覺到是淺笑而已。當然，我們並不是演員，也不需要研究自己的任何表情，但是，最起碼也應該把能使別人產生好印象的大笑臉的要點看淸楚，這樣比較能夠了解人們眼中的笑臉應該是什麼模樣？

與人第一次會面時，由於過分的緊張，表情容易變成不自然，因而往往使對方產生不愉快的印象，這對自己實在不利。

所以，當我們打算和別人見面時，應該先在鏡子前面確認自己的笑容。如果沒有自信時，應該儘量設計出自然的笑容，並且在鏡子前面稍爲練習一下。這樣一來，自己就會產生信心，因爲有信心，就會製造出美好的表情，而使對方認爲你是一位「開朗的人」。

176 要和人見面時，若走路脚步輕快，就可以使人產生明朗的印象。

我在演講在開始之前，絕不會乖乖的在休息室等著。我都會在會場走來走去，這是爲了想了解講台到聽衆的距離有多遠；麥克風的聲音，聽衆是不是能夠聽清楚；聽衆的年齡到底都是幾歲的人，或者是到底有多少人會前來……等。不過，其中最大的目的，還是爲了能夠習慣於會場的氣氛。因爲事先了解會場的氣氛後，一旦開始演講，話就比較可以說得較爲順暢。

一般人在心裏上，往往很不容易應付情況的變化。如果一直靜靜的保持在休息室中等待的心裏狀態，然後再以沉重的脚步走向講台，此時，若想要做積極的演說，總是不太順暢。因此，我都會事先了解會場概況。

在和別人見面之前，也是可以這樣做的。當要和別人見面之時，爲了事先使自己具有明朗又輕快的心理狀態，應該要事先做一些心理的「準備體操」，這是很重要的事。例如以很輕快的脚步走過去，也是十分有效的方法。

只要能夠這樣實行，自己的心情一定會輕鬆起來，也就可以讓對方毫無勉強的對自己產生明朗的印象來。如果一開始就以沉重的腳步走過去，却想要在當場突然表演出明朗的神情，是很不容易做到的。

177 對方的人員有二位以上時，視線也必須分配到說話者以外的人，否則氣氛會不愉快的。

和二個以上的對象說話時，必須要注意的事是，視線要平均分配給每一個人。尤其是跟在座的特定人物說話時，一般都很容易把視線集中在那個人。但是，這樣一來，絕對不會使其他的人對你留下好印象的。因爲他們會覺得自己被漠視，而感到不愉快的。甚至有時還會對我方抱有敵意的態度，這是應該避免的。

在小學的上課中，聽說有些小孩會計算老師在一節課中到底看過自己幾次，所以老師就得相當的費神。因此，老師在上課時，經常就會把視線平均分配到整個教室，而以平等的姿態來對待孩子們。

對這種分配視線比較精通的人，就是那些經常站在舞台上的歌星和演員們。他們都會平均的把視線分配給觀衆席的每個角落，不使觀衆失去參加意識，而希望帶給全體人員的滿足感。

我也有過這類的經驗。每當我乘坐火車時，尤其是坐在三個人的中間位置，每次在講話時，我都會特別留意這方面。爲了不希望冷落任何一方，經常都會下意識的平均的看著雙方。

然而，注意這種事情的人，似乎相當的少。一般人也許並不是有意的，但是，這樣一來，由於自己的疏忽，却使別人感到不愉快，往往會造成很多不必要的敵人。對別人的關心，只要注意視線的分配，不論你是怎樣的人，也不會受到誤解的。

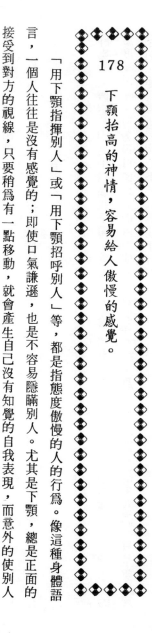

178 下顎抬高的神情，容易給人傲慢的感覺。

「用下顎指揮別人」或「用下顎招呼別人」等，都是指態度傲慢的人的行爲。像這種身體語言，一個人往往是沒有感覺的；即使口氣謙遜，也是不容易隱瞞別人。尤其是下顎，總是正面的接受到對方的視線，只要稍爲有一點移動，就會產生自己沒有知覺的自我表現，而意外的使別人留下不好的印象。

一般這種下顎突出，而將鼻孔對準對方的表情，都會被認爲是一種輕視對方的態度，這是爲什麼呢？因爲，如果二個人的身高一樣，但是，只要其中一個人將下顎翹起，就會變成以上看下的型態。事實人，把下顎抬高，的確會表現出以上看下的身體語言；相反的，如果稍爲低著看，就會給人謙遜的印象。

像這種事，其實每個人的視線都是很自然的，但是，只因爲忽略了對方的感覺，就會使人有先入爲主的觀念，而造成一種不愉快的氣氛。

不管如何，雖然是本身沒有注意，但是，只要是會給人留下不良的印象時，總是對自己沒有好處的。假定是因爲稍爲翹起下顎，就被對方誤會你有「對你這種人，我用這種態度就夠了」的態度；因此，對方很可能以更傲慢的態度來對抗你。爲了避免造成這種誤解，我們不只是要注意下顎，連視線也要留心不要以上往下看對方。

179 與其勉強隱瞞緊張，不如把緊張的實情告訴對方，比較能夠得到好印象。

與人第一次相會，或者是在很多人面前講話時，常常有人會因過分的緊張，以致於產生不自然的態度。這時候，最好不要勉強的隱瞞自己的緊張，而應該乾脆的把緊張的理由說出來，這樣比較能夠得到好的印象。

若能這樣做，往往緊張的心情會意外地穩定下來，並變得很輕鬆。一個人的心理，如果感到不安時，只要能把不安吐露出來，不安的情緒就可以發洩，苦惱也會消失的。因此，只要能夠巧妙的運用這種技巧，就可以很快的解除緊張的情緒。

在我們學習定期舉辦的公開研究會中，某一位老師曾經說出他爲了準備這一次的發表的辛苦經過。其內容是，他爲了這次的研究發表，經常失眠的情形，甚至爲了這次的發表會，夫妻也吵架好幾回。總而言之，他受到不少的挫折。聽到他所說的話後，整個在場的人均哄然大笑，也對他產生好感。也許在場的人，也是一樣有類似的經過，所以才會發出會心的大笑。像他這樣能夠坦白的說出實話，反而可以獲得大家的共鳴和好感的。

180 能夠幽默的敍述自己的失敗過程，會使別人認為你很冷靜。

在別人的面前失敗時，自己往往會感到不安，而且也會不好意思面對周圍的人。日本的一名演員愛川欽也先生，每當自己失敗時，都會立刻說：「這可以當做是笑話的表演。」

像這種把自己的失敗當成笑話的作法，在我們想要讓對方有好印象時，是很有幫助的。因爲，只要說出這句話，周圍的人也可以釋懷。他們本來是替你緊張的，但是，一聽到你說這句話後，就會笑出來，氣氛也會轉好；同時，也會對你提高印象。首先，你在失敗時，如果也能保持這種客觀冷靜的態度，就會受到大家注目的；同時，也會對你產生明朗又幽默的印象。

這種方式也可以使用在安慰別人的時候。例如，某一位著名的外國文學教授，受到英國外交官的招待，而到他的家裏去喝酒。由於工作的勞累，這位教授在不小心的情況下因疲勞而睡著。當他醒過來時，已經是深夜了。他爲自己的失禮道歉後！就飛也似的跑了回家。然而，到了第二天，他仍無法忘記昨天晚上沒有禮貌的行爲。第二天晚上十點多，那位外交官突然去拜訪他。仔細一看，這位外交官好像喝了相當多的酒，手上還拿著一瓶威士忌酒說：「喔！我突然好想跟你一起喝酒。」這位教授對外交官的用心，非常的感動。

因爲，他並不只幽默的處理自己的失敗，同時，也很自然的安慰對方的失敗。如果我們能夠做到像這位外交官一般的做法時，是最好不過的了。

181 你的敵人被誇獎時，若你無任何表情，你就會留給他人心地不好的印象。

在運動會的時候，當勝負決定了以後，輸的人常常會對獲勝的選手祝賀，這種場面每個人看到之後，都會留下很爽快的印象。相反的，當看到自己敵對的同事受到褒獎時，卻一點都沒有在任何表情的人，很容易被周圍的人認爲你是一個嫉妒別人成功而「心地黑暗」的人。

雖然不需要勉強的稱讚對方，但是，如果你覺得不服氣時，也應該把不服氣的表情，坦白的表現出來。這樣，比較可以對周圍的人表現你的幹勁，反而會得到很好的效果的。

182 有憂鬱感的人，只要把額前的毛髮梳高一點，就可以表現出爽朗的個性。

這是我從一個很時髦的人士口中所聽到的事。聽說，如果一個人顯得比較憂鬱時，最好把額前的毛髮梳高一些，這樣一來，就可以給人不同的感覺。我認爲這是很有道理的事。我們常常看到有些強盜或犯過罪的人，很容易把臉部掩飾起來，不讓別人看到。從這點來看，我們也知道臉是一個人的招牌。但是，額頭前的毛髮如果下垂時，尤其低著頭時，臉上就很容易被掩蓋，而使人有一種黑暗的印象，且給人有種感覺：不知道那個人在想些什麼？如果能夠把臉部光明正大的讓別人看，就可以表現出明朗的印象來。

183 長褲上有明顯的中線，或手帕上的折痕，可以使人留下規規矩矩的印象。

也許是牛仔褲太流行的緣故，最近的年輕人大部分都不帶手帕出門。我們常看到許多學生從廁所出來以後都把牛仔褲當成手帕來擦拭。偶而一、二個人帶了手帕，也只是隨隨便便的把它揉成一團放在牛仔褲後面的口袋。在這種社會風氣下，我們往往很難得看到一個學生使用折得很端正的手帕，在看到時，總會有一股很清爽的感覺。

像我們這種年紀的人，對於手帕的折線或長褲的中線等，都認爲應該要折得很整齊。如果手帕或長褲，看起來又髒又沒有折痕時，連穿著的人，也會使人感到很不乾淨的印象。

也許那些習慣於穿著牛仔褲的人，會認爲我好像在說教一般，然而，老實說，很多人在判斷你是什麼樣的人時，都是從手帕或長褲的折痕來分析的。

有經驗的推銷員，一般都很了解這一方面。例如，一條手帕放在長褲的口袋時，往往容易產生皺紋，因此，他們大部分都把它放在上衣的口袋。等到和客戶進行會談時，在假裝要擦汗時，再掏出手帕，讓客戶能夠看到明顯的折痕。他們會故意這樣做，也是因爲他們都了解這樣的表現，才會使人產生規規矩矩的印象。

184

領子、袖口是對方視線最容易集中的部分，也是表現清潔感的區域。

我想沒有人會故意的穿著胸前留有東西餘渣的襯衫出現在衆人的面前吧。任何人都知道這樣做，就會被別人認爲是沒有概念。但是，即使知道這種道理的人，也會有可能穿著留有餘渣的襯衫，也就是忽略了衣服的領子和袖口部份的汚穢。

穿著這樣的衣服的人，往往會忽略了這一些。然而，領子和袖口的部分，尤其是男性所穿著的服裝，最容易引起別人的注意。領子是男人結領帶的地方，也是決定流行的要點。別人容易發現我們的袖口，是因爲手部是整個身體中，最容易移動的部分，也是最容易集中視線的地方。因此，在服裝的禮儀中，一般都比較注重領子和袖口的原因，就是因爲這種緣故。

然而，若服裝整體看起來會給人一種不明朗的印象，當然就不在話內；但是，愈乾淨整齊的服裝，若其中有一部分弄髒時，整個服裝看起來，就難免有不潔感。也就是說，清潔與否，就很容易給人強烈的印象。同時，一給人有不潔的印象時，別人也會認爲你在其他方面，也是同樣的沒有整潔的概念，這樣一來，就會對你喪失了信賴感。

185 藍色的服裝，可以使人有淸潔感的印象。

話說起來也許有一點過時，這是發生在以前的事例。日本的石原愼太郎先生過去參加議員候選時，曾經穿著藍色的上衣，戴起白色的手套，而到各地去拉票。石原先生爲了表現出過去政治家所不曾有的清新和清潔感來，所以就穿著這樣的服裝。他的這種做法，很意外的得到了許多選票，而獲得成功。

根據色彩象徵的實驗，藍色所代表的是「清潔」、「希望」、「未來」、「無垠的擴展」等，是一種很明朗又積極的象徵。學生們到各地方去參觀時，也許他們沒有獨立的個性，而全部穿著藍色的西裝；但是，其實藍色就是代表學生清潔、年輕樣的色彩。

186

與人見面時，自己如果仍冒著汗，容易使對方有不潔感的印象。

夏天來臨時，我們常常可以看到以棕色的皮膚上，冒出汗珠的這種型態的海報或電視廣告。這種畫面，看起來好像很健康，其實，這種汗珠是攝影家所製造出來的，和實際上的汗珠不同。實際上的汗珠，是慢慢的從皮膚表面流出來的，看起來不但不美麗，而且，滲透在衣服上，形成汗渣時，就會使人看起來有不清潔的感覺。

與人約會時，有些人怕趕不上時間，就用跑的，到了對方面前坐下來時，已是滿身大汗，這並不能使對方產生認眞的印象。因此，像這樣冒著汗去跟人見面時，反而會使人產生不快感，這點應該注意。

187 口腔是表達清潔感最重要的要點。

如果我告訴大家，牙齒應該經常刷洗乾淨，也許各位會認爲我好像是在和幼稚園或小學生說話一樣。但是，如果我們眞的想要給人好印象，絕不可以忽略口腔的乾淨，這是很重要的。

例如，在與人講話時，笑起來後，看到對方的牙齒間如果帶有飯渣或因抽煙而留有煙垢時，看到的人一定會有強烈的厭惡感，我想這是很多人都會經歷的事吧。另外，在吃東西時，如果嘴巴發出吱吱喳喳的聲音，也會使人感到討厭的。這是因爲由聲音，而聯想到不潔感的緣故。

像這類和口腔有關的舉動，是和使人產生厭惡感有直接關係的，因此，留下的印象往往很強烈。這類的印象，有時會把過去的所有印象，完全的抹煞，而重新產生對自己不利的印象來。

有關這些方面，在演藝界的人，常常表現的很有精神。他們爲了顯耀自己美麗的牙齒，都很注意牙齒的潔白。有的人甚至爲了保持美麗牙齒的形象，故意的把原來健康的牙齒拔掉，重新裝上美麗的假牙。這是因爲他們了解牙齒上如有帶有飯渣或不好看的東西時，往往會使人產生不潔感，而影響本來的名氣。

雖然我們不必像他們那樣的注重，但是，至少也應該把牙齒刷乾淨，保持口腔的清潔。這是使人產生好印象的自我表現的重要根基。

188 抽煙時，要注意口腔。

雖然我已經戒煙多年了，但是，過去我吸煙時，都會把嘴唇擦乾淨，把吸煙的痕跡消除掉。爲什麼我會這樣做呢？因爲我們在前面曾經說過，有關口腔的事，是比其他任何的部分，尤其容易使人聯想到生理上的不潔感。

這不只限於抽煙的情形。例如在吃過飯後，盤上還留有剩餘的殘渣時，對方一定會感到討厭的，不論是怎樣的名人，也一定會影響他的名氣。在日本，有一項禮儀是是勸人在吃飯時，不要

把筷子的前端弄髒，這也是考慮到不使對方有不快的緣故。

189 穿起和身分不相稱的服裝，反而會使人有輕浮的感覺。

每當看到學生開著高級轎車或使用高級的打火機，以及搭乘快車回家時，我都會產生：「這個傢伙還在使用父親的錢，竟敢這樣浪費」的想法，而且，我想不只是我會這麼想吧。因爲，這種行爲和學生的身份不相稱，故往往會使人反感，同時也會基於他們仍是處於依賴父母生活的青年時期，產生一種輕浮的感覺來。

當然，和身份不相稱的打扮，也會產生對自己不利的印象，這種事不只限於學生。例如，只有微薄的薪水階層的人，却帶起高價的錶或過分華麗的領帶時，也很容易給人輕浮的印象，這是當然的現象。一切的手飾品，以及服裝等，都是一種「延長自我」的道具。也就是說，一個人所有的本來身分和穿著的服裝等相差太多時，或者是不相稱時，往往會造成人格的崩潰。有些對偵訊案子很老練的人，首先都會對一個人觀察他在服裝方面，有沒有和自己不相稱的表現。例如：衣服或鞋子都是高級品，使用的皮帶却是廉價品時，這個人可能就是詐欺犯。因爲人格一致的人，服裝也應該要一貫才對。

看到這種例子，我們也應該了解，尤其在工作關係上，最好能夠排除對高級感的興趣比較好。如果有這種傾向、人格也會被視爲二流的，而以前對方對你所產生的信賴感，也會完全的被破壞的。

190 夏天時，如果穿起白鞋，並配著白色皮帶去上班，也會使人有輕浮的印象。

到了夏天，很多人都喜歡使用白色的服裝色調，但是以白色來當成工作服的顏色，的確是不適當的。有這種感覺的人，可能不只是我吧。

脚本來就是身體和大地的接觸點，愈深色的鞋子，看起來也會有愈穩重的感覺。但是，如果是使用太明朗的顏色時，就會猶如失去了平衡一般的缺乏穩定感。尤其白色是膨脹色，比較顯著，因此，很容易給人有輕浮的印象。而且，白色皮帶也會給人有無賴漢的印象，尤其在商業界，更容易給人有異和感或不快感。

191 鞋子太髒時，生活的背景很容易被識破。

旅館的老闆或老闆娘，對第一次上門的顧客，都會從他所穿的鞋子，來判斷這個人的價值。像這種以鞋子來判斷顧客的方式，也許是經驗累積起來的吧。

鞋子是別人很不容易注意的地方，因此，很容易看出那個人平常的生活背景。不管穿上了怎樣漂亮的衣服，如果鞋子很難看或骯髒時，那個人的生活背景，也會很容易的被否定。像我為了應付別人的眼睛，有時候我都會穿起特別漂亮的鞋子，以免損害自己的形象。

192 到了秋天還穿著夏天的服裝，容易使人產生貧窮的印象。

夏天還沒有過去，就比別人先穿起長袖毛線衣的人，也許看起來很瀟洒，但是，如果秋風吹起時，仍然穿著夏天的短袖衣服時，就會使人產生寒酸的異和感。

穿上趕不上季節的服裝，會給人感受性遲鈍的印象。而且，趕不上也會被聯想為比不上的印象。我們本來就對四季的變化比較敏感。一向愛漂亮的人，都會著重在比別人更超前的穿出季節性的衣服，因為，他們認為這是一種時髦的象徵。因此，配合季節來穿著衣服，也是很重要的自我表現法。

大展出版社有限公司　圖書目錄

地址：台北市北投區11204
致遠一路二段12巷1號
郵撥： 0166955～1
電話：(02) 8236031
8236033
傳眞：(02) 8272069

• 法律專欄連載 • 電腦編號58

台大法學院　法律學系／策劃
法律服務社／編著

①別讓您的權利睡著了[1]	180元
②別讓您的權利睡著了[2]	180元

• 趣味心理講座 • 電腦編號15

①性格測驗1	探索男與女	淺野八郎著	140元
②性格測驗2	透視人心奧秘	淺野八郎著	140元
③性格測驗3	發現陌生的自己	淺野八郎著	140元
④性格測驗4	發現你的真面目	淺野八郎著	140元
⑤性格測驗5	讓你們吃驚	淺野八郎著	140元
⑥性格測驗6	洞穿心理盲點	淺野八郎著	140元
⑦性格測驗7	探索對方心理	淺野八郎著	140元
⑧性格測驗8	由吃認識自己	淺野八郎著	140元
⑨性格測驗9	戀愛知多少	淺野八郎著	140元

• 婦幼天地 • 電腦編號16

①八萬人減肥成果	黃靜香譯	150元
②三分鐘減肥體操	楊鴻儒譯	130元
③窈窕淑女美髮秘訣	柯素娥譯	130元
④使妳更迷人	成　玉譯	130元
⑤女性的更年期	官舒妍編譯	130元
⑥胎內育兒法	李玉瓊編譯	120元
⑦愛與學習	蕭京凌編譯	120元
⑧初次懷孕與生產	婦幼天地編譯組	180元
⑨初次育兒12個月	婦幼天地編譯組	180元
⑩斷乳食與幼兒食	婦幼天地編譯組	180元
⑪培養幼兒能力與性向	婦幼天地編譯組	180元
⑫培養幼兒創造力的玩具與遊戲	婦幼天地編譯組	180元

⑬幼兒的症狀與疾病	婦幼天地編譯組	180元
⑭腿部苗條健美法	婦幼天地編譯組	150元
⑮女性腰痛別忽視	婦幼天地編譯組	130元
⑯舒展身心體操術	李玉瓊編譯	130元
⑰三分鐘臉部體操	趙薇妮著	120元
⑱生動的笑容表情術	趙薇妮著	120元
⑲心曠神怡減肥法	川津祐介著	130元
⑳內衣使妳更美麗	陳玄茹譯	130元
㉑瑜伽美姿美容	黃靜香編著	150元

•青 春 天 地•電腦編號17

①A血型與星座	柯素娥編譯	120元
②B血型與星座	柯素娥編譯	120元
③O血型與星座	柯素娥編譯	120元
④AB血型與星座	柯素娥編譯	120元
⑤青春期性教室	呂貴嵐編譯	130元
⑥事半功倍讀書法	王毅希編譯	130元
⑦難解數學破題	宋釗宜編譯	130元
⑧速算解題技巧	宋釗宜編譯	130元
⑨小論文寫作秘訣	林顯茂編譯	120元
⑩視力恢復！超速讀術	江錦雲譯	130元
⑪中學生野外遊戲	熊谷康編著	120元
⑫恐怖極短篇	柯素娥編譯	130元
⑬恐怖夜話	小毛驢編譯	130元
⑭恐怖幽默短篇	小毛驢編譯	120元
⑮黑色幽默短篇	小毛驢編譯	120元
⑯靈異怪談	小毛驢編譯	130元
⑰錯覺遊戲	小毛驢編譯	130元
⑱整人遊戲	小毛驢編譯	120元
⑲有趣的超常識	柯素娥編譯	130元
⑳哦！原來如此	林慶旺編譯	130元
㉑趣味競賽100種	劉名揚編譯	120元
㉒數學謎題入門	宋釗宜編譯	150元
㉓數學謎題解析	宋釗宜編譯	150元
㉔透視男女心理	林慶旺編譯	120元
㉕少女情懷的自白	李桂蘭編譯	120元
㉖由兄弟姊妹看命運	李玉瓊編譯	130元
㉗趣味的科學魔術	林慶旺編譯	150元
㉘趣味的心理實驗室	李燕玲編譯	150元
㉙愛與性心理測驗	小毛驢編譯	130元

㉚刑案推理解謎	小毛驢編譯	130元
㉛偵探常識推理	小毛驢編譯	130元
㉜偵探常識解謎	小毛驢編譯	130元
㉝偵探推理遊戲	小毛驢編譯	130元
㉞趣味的超魔術	廖玉山編著	150元
㉟		

•健康天地•電腦編號18

①壓力的預防與治療	柯素娥編譯	130元
②超科學氣的魔力	柯素娥編譯	130元
③尿療法治病的神奇	中尾良一著	130元
④鐵證如山的尿療法奇蹟	廖玉山譯	120元
⑤一日斷食健康法	葉慈容編譯	120元
⑥胃部強健法	陳炳崑譯	120元
⑦癌症早期檢查法	廖松濤譯	130元
⑧老人痴呆症防止法	柯素娥編譯	130元
⑨松葉汁健康飲料	陳麗芬編譯	130元
⑩揉肚臍健康法	永井秋夫著	150元
⑪過勞死、猝死的預防	卓秀貞編譯	130元
⑫高血壓治療與飲食	藤山順豐著	150元
⑬老人看護指南	柯素娥編譯	150元
⑭美容外科淺談	楊啟宏著	150元
⑮美容外科新境界	楊啟宏著	150元

•實用心理學講座•電腦編號21

①拆穿欺騙伎倆	多湖輝著	140元
②創造好構想	多湖輝著	140元
③面對面心理術	多湖輝著	140元
④偽裝心理術	多湖輝著	140元
⑤透視人性弱點	多湖輝著	140元
⑥自我表現術	多湖輝著	150元
⑦不可思議的人性心理	多湖輝著	150元
⑧催眠術入門	多湖輝著	150元

•超現實心理講座•電腦編號22

①超意識覺醒法	詹蔚芬編譯	130元
②護摩秘法與人生	劉名揚編譯	130元
③秘法！超級仙術入門	陸　明譯	150元

④給地球人的訊息	柯素娥編著	150元
⑤密教的神通力	劉名揚編著	130元

・心 靈 雅 集・電腦編號00

①禪言佛語看人生	松濤弘道著	150元
②禪密教的奧秘	葉逯謙譯	120元
③觀音大法力	田口日勝著	120元
④觀音法力的大功德	田口日勝著	120元
⑤達摩禪106智慧	劉華亭編譯	150元
⑥有趣的佛教研究	葉逯謙編譯	120元
⑦夢的開運法	蕭京凌譯	130元
⑧禪學智慧	柯素娥編譯	130元
⑨女性佛教入門	許俐萍譯	110元
⑩佛像小百科	心靈雅集編譯組	130元
⑪佛教小百科趣談	心靈雅集編譯組	120元
⑫佛教小百科漫談	心靈雅集編譯組	150元
⑬佛教知識小百科	心靈雅集編譯組	150元
⑭佛學名言智慧	松濤弘道著	180元
⑮釋迦名言智慧	松濤弘道著	180元
⑯活人禪	平田精耕著	120元
⑰坐禪入門	柯素娥編譯	120元
⑱現代禪悟	柯素娥編譯	130元
⑲道元禪師語錄	心靈雅集編譯組	130元
⑳佛學經典指南	心靈雅集編譯組	130元
㉑何謂「生」　阿含經	心靈雅集編譯組	130元
㉒一切皆空　般若心經	心靈雅集編譯組	130元
㉓超越迷惘　法句經	心靈雅集編譯組	130元
㉔開拓宇宙觀　華嚴經	心靈雅集編譯組	130元
㉕真實之道　法華經	心靈雅集編譯組	130元
㉖自由自在　涅槃經	心靈雅集編譯組	130元
㉗沈默的教示　維摩經	心靈雅集編譯組	130元
㉘開通心眼　佛語佛戒	心靈雅集編譯組	130元
㉙揭秘寶庫　密教經典	心靈雅集編譯組	130元
㉚坐禪與養生	廖松濤譯	110元
㉛釋尊十戒	柯素娥編譯	120元
㉜佛法與神通	劉欣如編著	120元
㉝悟（正法眼藏的世界）	柯素娥編譯	120元
㉞只管打坐	劉欣如編譯	120元
㉟喬答摩・佛陀傳	劉欣如編著	120元
㊱唐玄奘留學記	劉欣如編譯	120元

㊲佛教的人生觀	劉欣如編譯	110元
㊳無門關（上卷）	心靈雅集編譯組	150元
㊴無門關（下卷）	心靈雅集編譯組	150元
㊵業的思想	劉欣如編著	130元
㊶佛法難學嗎	劉欣如著	140元
㊷佛法實用嗎	劉欣如著	140元
㊸佛法殊勝嗎	劉欣如著	140元
㊹因果報應法則	李常傳編	140元
㊺佛教醫學的奧秘	劉欣如編著	150元

•經 營 管 理• 電腦編號01

◎創新經營六十六大計（精）	蔡弘文編	780元
①如何獲取生意情報	蘇燕謀譯	110元
②經濟常識問答	蘇燕謀譯	130元
③股票致富68秘訣	簡文祥譯	100元
④台灣商戰風雲錄	陳中雄著	120元
⑤推銷大王秘錄	原一平著	100元
⑥新創意•賺大錢	王家成譯	90元
⑦工廠管理新手法	琪　輝著	120元
⑧奇蹟推銷術	蘇燕謀譯	100元
⑨經營參謀	柯順隆譯	120元
⑩美國實業24小時	柯順隆譯	80元
⑪撼動人心的推銷法	原一平著	120元
⑫高竿經營法	蔡弘文編	120元
⑬如何掌握顧客	柯順隆譯	150元
⑭一等一賺錢策略	蔡弘文編	120元
⑮世界經濟戰爭	約翰•渥洛諾夫著	120元
⑯成功經營妙方	鐘文訓著	120元
⑰一流的管理	蔡弘文編	150元
⑱外國人看中韓經濟	劉華亭譯	150元
⑲企業不良幹部群相	琪輝編著	120元
⑳突破商場人際學	林振輝編著	90元
㉑無中生有術	琪輝編著	140元
㉒如何使女人打開錢包	林振輝編著	100元
㉓操縱上司術	邑井操著	90元
㉔小公司經營策略	王嘉誠著	100元
㉕成功的會議技巧	鐘文訓編譯	100元
㉖新時代老闆學	黃柏松編著	100元
㉗如何創造商場智囊團	林振輝編譯	150元
㉘十分鐘推銷術	林振輝編譯	120元

㉙五分鐘育才	黃柏松編譯	100元
㉚成功商場戰術	陸明編譯	100元
㉛商場談話技巧	劉華亭編譯	120元
㉜企業帝王學	鐘文訓譯	90元
㉝自我經濟學	廖松濤編譯	100元
㉞一流的經營	陶田生編著	120元
㉟女性職員管理術	王昭國編譯	120元
㊱ＩＢＭ的人事管理	鐘文訓編譯	150元
㊲現代電腦常識	王昭國編譯	150元
㊳電腦管理的危機	鐘文訓編譯	120元
㊴如何發揮廣告效果	王昭國編譯	150元
㊵最新管理技巧	王昭國編譯	150元
㊶一流推銷術	廖松濤編譯	120元
㊷包裝與促銷技巧	王昭國編譯	130元
㊸企業王國指揮塔	松下幸之助著	120元
㊹企業精銳兵團	松下幸之助著	120元
㊺企業人事管理	松下幸之助著	100元
㊻華僑經商致富術	廖松濤編譯	130元
㊼豐田式銷售技巧	廖松濤編譯	120元
㊽如何掌握銷售技巧	王昭國編著	130元
㊾一分鐘推銷員	廖松濤譯	90元
㊿洞燭機先的經營	鐘文訓編譯	150元
51ＩＢＭ成功商法	巴克・羅傑斯著	130元
52新世紀的服務業	鐘文訓編譯	100元
53成功的領導者	廖松濤編譯	120元
54女推銷員成功術	李玉瓊編譯	130元
55ＩＢＭ人才培育術	鐘文訓編譯	100元
56企業人自我突破法	黃琪輝編著	150元
57超級經理人	羅拔・海勒著	100元
58財富開發術	蔡弘文編著	130元
59成功的店舖設計	鐘文訓編著	150元
60靈巧者成功術	鐘文訓編譯	150元
61企管回春法	蔡弘文編著	130元
62小企業經營指南	鐘文訓編譯	100元
63商場致勝名言	鐘文訓編譯	150元
64迎接商業新時代	廖松濤編譯	100元
65透視日本企業管理	廖松濤　譯	100元
66新手股票投資入門	何朝乾　編	180元
67上揚股與下跌股	何朝乾編譯	150元
68股票速成學	何朝乾編譯	180元
69理財與股票投資策略	黃俊豪編著	180元

⑳黃金投資策略	黃俊豪編著	180元
⑴厚黑管理學	廖松濤編譯	180元
⑵股市致勝格言	呂梅莎編譯	180元
⑶透視西武集團	林谷燁編譯	150元
⑷推銷改變我的一生	柯素娥　譯	120元
⑸推銷始於被拒	盧媚璟　譯	120元
⑹巡迴行銷術	陳蒼杰譯	150元
⑺推銷的魔術	王嘉誠譯	120元
⑻60秒指導部屬	周蓮芬編譯	150元
⑼精鋭女推銷員特訓	李玉瓊編譯	130元
⑽企劃、提案、報告圖表的技巧	鄭　汶　譯	180元
⑾海外不動產投資	許達守編譯	150元
⑿八百件的世界策略	李玉瓊譯	150元
⒀服務業品質管理	吳宜芬譯	180元
⒁零庫存銷售	黃東謙編譯	150元
⒂三分鐘推銷管理	劉名揚編譯	150元
⒃推銷大王奮鬥史	原一平著	150元
⒄豐田汽車的生產管理	林谷燁編譯	150元

・成功寶庫・ 電腦編號02

①上班族交際術	江森滋著	100元
②拍馬屁訣竅	廖玉山編譯	110元
③一分鐘適應法	林曉陽譯	90元
④聽話的藝術	歐陽輝編譯	110元
⑥克服逆境的智慧	廖松濤　譯	100元
⑦不可思議的人性心理	多湖輝　著	120元
⑧成功的人生哲學	劉明和　譯	120元
⑨求職轉業成功術	陳　義編著	110元
⑩上班族禮儀	廖玉山編著	120元
⑪接近心理學	李玉瓊編著	100元
⑫創造自信的新人生	廖松濤編著	120元
⑬卡耐基的人生指南	林曉鐘編譯	120元
⑭上班族如何出人頭地	廖松濤編著	100元
⑮神奇瞬間瞑想法	廖松濤編譯	100元
⑯人生成功之鑰	楊意苓編著	150元
⑱潛在心理術	多湖輝　著	100元
⑲給企業人的諍言	鐘文訓編著	120元
⑳企業家自律訓練法	陳　義編譯	100元
㉑上班族妖怪學	廖松濤編著	100元
㉒猶太人縱橫世界的奇蹟	孟佑政編著	110元

㉓訪問推銷術	黃靜香編著	130元
㉔改運的秘訣	吳秀美　譯	120元
㉕你是上班族中強者	嚴思圖編著	100元
㉖向失敗挑戰	黃靜香編著	100元
㉗成功心理學	陳蒼杰　譯	100元
㉘墨菲成功定律	吳秀美　譯	130元
㉙機智應對術	李玉瓊編著	130元
㉚成功頓悟100則	蕭京凌編譯	130元
㉛掌握好運100則	蕭京凌編譯	110元
㉜知性幽默	李玉瓊編譯	130元
㉝熟記對方絕招	黃靜香編譯	100元
㉞男性成功秘訣	陳蒼杰編譯	130元
㉟超越巔峯者	C・加菲爾德著	130元
㊱業務員成功秘方	李玉瓊編著	120元
㊲察言觀色的技巧	劉華亭編著	130元
㊳一流領導力	施義彥編譯	120元
㊴一流說服力	李玉瓊編著	130元
㊵30秒鐘推銷術	廖松濤編譯	120元
㊶猶太成功商法	周蓮芬編譯	120元
㊷尖端時代行銷策略	陳蒼杰編著	100元
㊸顧客管理學	廖松濤編著	100元
㊹如何使對方說Yes	程　羲編著	150元
㊺如何提高工作效率	劉華亭編著	150元
㊻企業戰術必勝法	黃靜香編著	130元
㊼上班族口才學	楊鴻儒譯	120元
㊽上班族新鮮人須知	程　羲編著	120元
㊾如何左右逢源	程　羲編著	130元
㊿語言的心理戰	多湖輝著	130元
51扣人心弦演說術	劉名揚編著	120元
52八面玲瓏成功術	陳　羲譯	130元
53如何增進記憶力、集中力	廖松濤譯	130元
54頂尖領導人物	陳蒼杰譯	120元
55性惡企業管理學	陳蒼杰譯	130元
56自我啟發200招	楊鴻儒編著	150元
57做個傑出女職員	劉名揚編著	130元
58靈活的集團營運術	楊鴻儒編著	120元
59必勝交涉強化法	陳蒼杰譯	120元
60個案研究活用法	楊鴻儒編著	130元
61企業教育訓練遊戲	楊鴻儒編著	120元
62管理者的智慧	程　義編譯	130元
63做個佼佼管理者	馬筱莉編譯	130元

㊹智慧型說話技巧	沈永嘉編譯	130元
㊺歌德人生箴言	沈永嘉編譯	150元
㊻活用佛學於經營	松濤弘道著	150元
㊼活用禪學於企業	柯素娥編譯	130元
㊽詭辯的智慧	沈永嘉編譯	130元
㊾幽默詭辯術	廖玉山編譯	130元
㊿拿破崙智慧箴言	柯素娥編譯	130元
71自我培育・超越	蕭京凌編譯	150元
72深層心理術	多湖輝著	130元
73深層語言術	多湖輝著	130元
74時間即一切	沈永嘉編譯	130元
75自我脫胎換骨	柯素娥譯	150元
76贏在起跑點—人才培育鐵則	楊鴻儒編譯	150元
77做一枚活棋	李玉瓊編譯	130元
78面試成功戰略	柯素娥編譯	130元
79自我介紹與社交禮儀	柯素娥編譯	130元
80說NO的技巧	廖玉山編譯	130元
81瞬間攻破心防法	廖玉山編譯	120元
82改變一生的名言	李玉瓊編譯	130元
83性格性向創前程	楊鴻儒編譯	130元
84訪問行銷新竅門	廖玉山編譯	150元
85無所不達的推銷話術	李玉瓊編譯	150元

・處世智慧・電腦編號03

①如何改變你自己	陸明編譯	120元
②人性心理陷阱	多湖輝著	90元
④幽默說話術	林振輝編譯	120元
⑤讀書36計	黃柏松編譯	120元
⑥靈感成功術	譚繼山編譯	80元
⑦如何使人對你好感	張文志譯	110元
⑧扭轉一生的五分鐘	黃柏松編譯	100元
⑨知人、知面、知其心	林振輝譯	110元
⑩現代人的詭計	林振輝譯	100元
⑪怎樣突破人性弱點	摩　根著	90元
⑫如何利用你的時間	蘇遠謀譯	80元
⑬口才必勝術	黃柏松編譯	120元
⑭女性的智慧	譚繼山編譯	90元
⑮如何突破孤獨	張文志編譯	80元
⑯人生的體驗	陸明編譯	80元
⑰微笑社交術	張芳明譯	90元

⑱幽默吹牛術	金子登著	90元
⑲攻心說服術	多湖輝著	100元
⑳當機立斷	陸明編譯	70元
㉑勝利者的戰略	宋恩臨編譯	80元
㉒如何交朋友	安紀芳編著	70元
㉓鬥智奇謀（諸葛孔明兵法）	陳炳崑著	70元
㉔慧心良言	亦　奇著	80元
㉕名家慧語	蔡逸鴻主編	90元
㉖金色的人生	皮爾著	80元
㉗稱霸者啟示金言	黃柏松編譯	90元
㉘如何發揮你的潛能	陸明編譯	90元
㉙女人身態語言學	李常傳譯	130元
㉚摸透女人心	張文志譯	90元
㉛現代戀愛秘訣	王家成譯	70元
㉜給女人的悄悄話	妮倩編譯	90元
㉝行為語言的奧秘	歆夫編譯	110元
㉞如何開拓快樂人生	陸明編譯	90元
㉟驚人時間活用法	鐘文訓譯	80元
㊱成功的捷徑	鐘文訓譯	70元
㊲幽默逗笑術	林振輝著	120元
㊳活用血型讀書法	陳炳崑譯	80元
㊴心　燈	葉于模著	100元
㊵當心受騙	林顯茂譯	90元
㊶心・體・命運	蘇燕謀譯	70元
㊷如何使頭腦更敏銳	陸明編譯	70元
㊸宮本武藏五輪書金言錄	宮本武藏著	100元
㊹厚黑說服術	多湖輝著	90元
㊺勇者的智慧	黃柏松編譯	80元
㊼成熟的愛	林振輝譯	120元
㊽現代女性駕馭術	蔡德華著	90元
㊾禁忌遊戲	酒井潔著	90元
㊿自我表現術	多湖輝著	100元
(51)女性的魅力・年齡	廖玉山譯	90元
(52)摸透男人心	劉華亭編譯	80元
(53)如何達成願望	謝世輝著	90元
(54)創造奇蹟的「想念法」	謝世輝著	90元
(55)創造成功奇蹟	謝世輝著	90元
(56)男女幽默趣典	劉華亭譯	90元
(57)幻想與成功	廖松濤譯	80元
(58)反派角色的啟示	廖松濤編譯	70元
(59)現代女性須知	劉華亭編著	75元

⑥⓪一分鐘記憶術	廖玉山譯	90元
⑥①機智說話術	劉華亭編譯	100元
⑥②如何突破內向	姜倩怡編譯	110元
⑥③扭轉自我的信念	黃　翔編譯	100元
⑥④讀心術入門	王家成編譯	100元
⑥⑤如何解除內心壓力	林美羽編著	110元
⑥⑥取信於人的技巧	多湖輝著	110元
⑥⑦如何培養堅強的自我	林美羽編著	90元
⑥⑧自我能力的開拓	卓一凡編著	110元
⑥⑨求職的藝術	吳秀美編譯	100元
⑦⓪縱橫交涉術	嚴思圖編著	90元
⑦①如何培養妳的魅力	劉文珊編著	90元
⑦②魅力的力量	姜倩怡編著	90元
⑦③金錢心理學	多湖輝著	100元
⑦④語言的圈套	多湖輝著	110元
⑦⑤個性膽怯者的成功術	廖松濤編譯	100元
⑦⑥人性的光輝	文可式編著	90元
⑦⑦如何建立自信心	諾曼・比爾著	90元
⑦⑧驚人的速讀術	鐘文訓編譯	90元
⑦⑨培養靈敏頭腦秘訣	廖玉山編著	90元
⑧⓪夜晚心理術	鄭秀美編譯	80元
⑧①如何做個成熟的女性	李玉瓊編著	80元
⑧②現代女性成功術	劉文珊編著	90元
⑧③成功說話技巧	梁惠珠編譯	100元
⑧④人生的真諦	鐘文訓編譯	100元
⑧⑤妳是人見人愛的女孩	廖松濤編著	120元
⑧⑥精神緊張速解法	F・查爾斯著	90元
⑧⑦指尖・頭腦體操	蕭京凌編譯	90元
⑧⑧電話應對禮儀	蕭京凌編著	90元
⑧⑨自我表現的威力	廖松濤編譯	100元
⑨⓪名人名語啟示錄	喬家楓編著	100元
⑨①男與女的哲思	程鐘梅編譯	110元
⑨②靈思慧語	牧　風著	110元
⑨③心靈夜語	牧　風著	100元
⑨④激盪腦力訓練	廖松濤編譯	100元
⑨⑤三分鐘頭腦活性法	廖玉山編譯	110元
⑨⑥星期一的智慧	廖玉山編譯	100元
⑨⑦溝通說服術	賴文琇編譯	100元
⑨⑧超速讀超記憶法	廖松濤編譯	120元

・健康與美容・電腦編號04

①B型肝炎預防與治療	曾慧琪譯	130元
③媚酒傳（中國王朝秘酒）	陸明主編	120元
④藥酒與健康果菜汁	成玉主編	150元
⑤中國回春健康術	蔡一藩著	100元
⑥奇蹟的斷食療法	蘇燕謀譯	110元
⑧健美食物法	陳炳崑譯	120元
⑨驚異的漢方療法	唐龍編著	90元
⑩不老強精食	唐龍編著	100元
⑪經脈美容法	月乃桂子著	90元
⑫五分鐘跳繩健身法	蘇明達譯	100元
⑬睡眠健康法	王家成譯	80元
⑭你就是名醫	張芳明譯	90元
⑮如何保護你的眼睛	蘇燕謀譯	70元
⑯自我指壓術	今井義睛著	120元
⑰室內身體鍛鍊法	陳炳崑譯	100元
⑱飲酒健康法	J・亞當姆斯著	100元
⑲釋迦長壽健康法	譚繼山譯	90元
⑳腳部按摩健康法	譚繼山譯	120元
㉑自律健康法	蘇明達譯	90元
㉓身心保健座右銘	張仁福著	160元
㉔腦中風家庭看護與運動治療	林振輝譯	100元
㉕秘傳醫學人相術	成玉主編	120元
㉖導引術入門⑴治療慢性病	成玉主編	110元
㉗導引術入門⑵健康・美容	成玉主編	110元
㉘導引術入門⑶身心健康法	成玉主編	110元
㉙妙用靈藥・蘆薈	李常傳譯	90元
㉚萬病回春百科	吳通華著	150元
㉛初次懷孕的10個月	成玉編譯	100元
㉜中國秘傳氣功治百病	陳炳崑編譯	130元
㉞仙人成仙術	陸明編譯	100元
㉟仙人長生不老學	陸明編譯	100元
㊱釋迦秘傳米粒刺激法	鐘文訓譯	120元
㊲痔・治療與預防	陸明編譯	130元
㊳自我防身絕技	陳炳崑編譯	120元
㊴運動不足時疲勞消除法	廖松濤譯	110元
㊵三溫暖健康法	鐘文訓編譯	90元
㊷維他命C新效果	鐘文訓譯	90元
㊸維他命與健康	鐘文訓譯	120元

㊺森林浴—綠的健康法	劉華亭編譯	80元
㊼導引術入門(4)酒浴健康法	成玉主編	90元
㊽導引術入門(5)不老回春法	成玉主編	90元
㊾山白竹（劍竹）健康法	鐘文訓譯	90元
㊿解救你的心臟	鐘文訓編譯	100元
51牙齒保健法	廖玉山譯	90元
52超人氣功法	陸明編譯	110元
53超能力秘密開發法	廖松濤譯	80元
54借力的奇蹟(1)	力拔山著	100元
55借力的奇蹟(2)	力拔山著	100元
56五分鐘小睡健康法	呂添發撰	100元
57禿髮、白髮預防與治療	陳炳崑撰	100元
58吃出健康藥膳	劉大器著	100元
59艾草健康法	張汝明編譯	90元
60一分鐘健康診斷	蕭京凌編譯	90元
61念術入門	黃静香編譯	90元
62念術健康法	黃静香編譯	90元
63健身回春法	梁惠珠編譯	100元
64姿勢養生法	黃秀娟編譯	90元
65仙人瞑想法	鐘文訓譯	120元
66人蔘的神效	林慶旺譯	100元
67奇穴治百病	吳通華著	120元
68中國傳統健康法	靳海東著	100元
69下半身減肥法	納他夏・史達賓著	110元
70使妳的肌膚更亮麗	楊　皓編譯	100元
71酵素健康法	楊　皓編譯	120元
72做一個快樂的病人	吳秀美譯	100元
73腰痛預防與治療	五味雅吉著	100元
74如何預防心臟病・腦中風	譚定長等著	100元
75少女的生理秘密	蕭京凌譯	120元
76頭部按摩與針灸	楊鴻儒譯	100元
77雙極療術入門	林聖道著	100元
78氣功自療法	梁景蓮著	100元
79大蒜健康法	李玉瓊編譯	100元
80紅蘿蔔汁斷食療法	李玉瓊譯	120元
81健胸美容秘訣	黃靜香譯	100元
82鍺奇蹟療效	林宏儒譯	120元
83三分鐘健身運動	廖玉山譯	120元
84尿療法的奇蹟	廖玉山譯	120元
85神奇的聚積療法	廖玉山譯	120元
86預防運動傷害伸展體操	楊鴻儒編譯	120元

㊇糖尿病預防與治療	石莉涓譯	150元
㊈五日就能改變你	柯素娥譯	110元
㊉三分鐘氣功健康法	陳美華譯	120元
⑨⓪痛風劇痛消除法	余昇凌譯	120元
⑨①道家氣功術	早島正雄著	130元
⑨②氣功減肥術	早島正雄著	120元
⑨③超能力氣功法	柯素娥譯	130元
⑨④氣的瞑想法	早島正雄著	120元

•家庭／生活• 電腦編號05

①單身女郎生活經驗談	廖玉山編著	100元
②血型・人際關係	黃靜編著	120元
③血型・妻子	黃靜編著	110元
④血型・丈夫	廖玉山編譯	130元
⑤血型・升學考試	沈永嘉編譯	120元
⑥血型・臉型・愛情	鐘文訓編譯	120元
⑦現代社交須知	廖松濤編譯	100元
⑧簡易家庭按摩	鐘文訓編譯	150元
⑨圖解家庭看護	廖玉山編譯	120元
⑩生男育女隨心所欲	岡正基編著	120元
⑪家庭急救治療法	鐘文訓編著	100元
⑫新孕婦體操	林曉鐘譯	120元
⑬從食物改變個性	廖玉山編譯	100元
⑭職業婦女的衣著	吳秀美編譯	120元
⑮成功的穿著	吳秀美編譯	120元
⑯現代人的婚姻危機	黃　靜編著	90元
⑰親子遊戲　0歲	林慶旺編譯	100元
⑱親子遊戲　1～2歲	林慶旺編譯	110元
⑲親子遊戲　3歲	林慶旺編譯	100元
⑳女性醫學新知	林曉鐘編譯	130元
㉑媽媽與嬰兒	張汝明編譯	150元
㉒生活智慧百科	黃　靜編譯	100元
㉓手相・健康・你	林曉鐘編譯	120元
㉔菜食與健康	張汝明編譯	110元
㉕家庭素食料理	陳東達著	140元
㉖性能力活用秘法	米開・尼里著	130元
㉗兩性之間	林慶旺編譯	120元
㉘性感經穴健康法	蕭京凌編譯	110元
㉙幼兒推拿健康法	蕭京凌編譯	100元
㉚談中國料理	丁秀山編著	100元

國家圖書館出版品預行編目資料

給人好印象的自我表現術／多湖輝著；鐘文訓譯
--初版 --臺北市：大展，民83
面； 公分 --（實用心理學講座；6）
譯自：好印象な與える自己表現術
ISBN 957-557-439-7（平裝）

1. 修身

192.1 83002166

原書名：好印象な與える自己表現術
原著作者：多湖輝 ©Akira Tago 1992
原出版者：株式會社ごま書房
版權仲介：宏儒企業有限公司

給人好印象的自我表現術

ISBN 957-557-439-7

原著者／多湖輝
編譯者／鐘文訓
發行人／蔡森明
出版者／大展出版社有限公司
社址／台北市北投區（石牌）致遠一路二段12巷1號
電話／(02) 8236031・8236033
傳眞／(02) 8272069
郵政劃撥／0166955－1
登記證／局版臺業字第2171號
承印者／國順圖書印刷公司
裝訂／嶸興裝訂有限公司
排版者／千兵企業有限公司
電話／(02) 8812643
初版1刷／1994年（民83年）4月
2 刷／1997年（民86年）5月

定價／180元

大展好書 好書大展